EDELSTEINE & KRISTALLE

Kobaltspat
(Sphärocobaltit)

Sehen · Staunen · Wissen

EDELSTEINE & KRISTALLE

Geheimnisvolle Schätze der Erde
Aussehen, Entstehung, Bearbeitung

Text von R. F. Symes und R. R. Harding

Krokoit

Dumortieritflasche

Geschliffene Granate

Geschliffene Turmaline

Aragonit

Mikroklin

Gerstenberg Verlag

Tobernit

Malachit

Gold

Geschliffener Turmalin

Geschliffener Topas

Geschliffener Saphir

Perlmutt

Krokoit

Turmalin

Achat

Achat

CIP-Titelaufnahme der Deutschen Bibliothek

Edelsteine: geheimnisvolle Schätze der Erde; Aussehen, Entstehung, Berarbeitung / Text von: R. F. Symes und R. R. Harding. [Fotogr.: Colin Keates. Aus dem Engl. übers. von Christiane Bergfeld]. – Hildesheim: Gerstenberg, 1991
(Sehen, Staunen, Wissen)
Einheitssacht.: Crystal & gem <dt.>
ISBN 3-8067-4423-8
NE: Symes, R. F.; Keates, Colin; Chrystal and gem <dt.>; EST

Ein Dorling Kindersley Buch,
Originaltitel: Eyewitness Guides: Chrystal & Gem
Copyright © 1991 Dorling Kindersley Ltd., London
Projektleitung: Louise Pritchard
Layout und Gestaltung: Thomas Keenes, Jacquie Gulliver, Julia Harris
Lektorat: Helen Parker; Herstellung: Louise Barrat
Bildredaktion: Cynthia Hole
Fotografie: Colin Keates (Natural History Museum)

Aus dem Englischen übersetzt von Christiane Bergfeld
Redaktionelle Bearbeitung der deutschsprachigen Ausgabe: Margot Wilhelmi, Sulingen

Deutsche Ausgabe Copyright © 1991 Gerstenberg Verlag, Hildesheim

Alle Rechte der Vervielfältigung und Verbreitung einschließlich Film, Funk und Fernsehen sowie der Fotokopie, Mikrokopie und der Verarbeitung mit Hilfe der EDV vorbehalten. Auch auszugsweise Veröffentlichungen außerhalb der engen Grenzen des Urheberrechts- und Verlagsgesetzes bedürfen der schriftlichen Zustimmung des Verlages.

Satz: Gerstenberg Druck GmbH, Hildesheim
Printed in Singapore
ISBN 3-8067-4423-8

Inhalt

Amethyst

Was sind Kristalle?
6
Kristalle überall
8
Natürliche Schönheit
10
Kristalle - von außen...
12
...und von innen
14
Kristallfarben
16
Bestimmung
18
Natürliches Wachstum
20
Wohlgestaltet
22
Seit uralten Zeiten
24
Zuchtkristalle
26
Kristalle bei der Arbeit
28
Immer in Schwung
30
Quarz
32
Diamant
34
Rubin oder Saphir
36
Beryll
38
Opal
40
Andere Schmucksteine
42
Objekte der Begierde
48
Steinschneidekunst
50
Edelmetalle
52
Von Tieren und Pflanzen
54
Angebot und Nachfrage
56
Funkelnder Schliff
58
Mythen und Legenden
60
Kristalle im Alltag
62
Register
64

Was sind Kristalle?

Kristalle haben seit jeher auf den Menschen eine faszinierende Wirkung ausgeübt. Sie beruht auf der Schönheit geometrisch regelmäßiger Körper mit glänzenden, spiegelnden Flächen und scharfen Kanten, oft noch verbunden mit leuchtenden Farben und einer starken Lichtbrechung. Schöne Kristalle sind daher stets begehrte Sammel- und Schmuckobjekte gewesen. Das Wort Kristall leitet sich vom griechischen *kryos* (=Frost, Eis, Kälte) ab. Im Altertum hielt man Bergkristall, eine farblose Quarzart, für nicht schmelzendes, steinhart gefrorenes Eis.

ZUSTÄNDE
Wasser kommt in allen drei Aggregatzuständen vor: fest, flüssig, gasförmig - je nach Temperatur. Im Dampf bewegen sich die Wassermoleküle losgelöst voneinander durch den Raum. Im flüssigen Wasser berühren sich die Moleküle, sind aber noch gegeneinander beweglich. Im Eis nehmen sie einen festen Platz ein. Diese Eiskristalle sind 450fach vergrößert.

EINE GELUNGENE LÖSUNG
Diese herrlichen Kristalle mit den charakteristischen Kristallflächen entstanden aus heißen wäßrigen Lösungen in der Erde.

Turmalinkristall

Quarzkristall

KUNSTKRISTALLE
Fast alle Kristalle in diesem Buch sind natürlich vorkommende, feste anorganische Verbindungen, die man Mineralien nennt. Man kann anorganische Kristalle aber auch züchten, wie dieses Kaliummagnesiumsulfat.

Albitkristalle

DICHT AN DICHT
Nur unter idealen Bedingungen entwickeln sich große, vollkommene Kristalle. Dieser Skapolith besteht aus vielen kleinen, wenig ausgeformten Kristallen. So ein Mineral nennt man dicht.

GLASHAUS
Der Londoner Kristallpalast entstand 1851 zur Weltausstellung und brannte 1936 ab. Dach und Außenwände bestanden aus 300.000 Glasscheiben - nicht aus Kristallen.

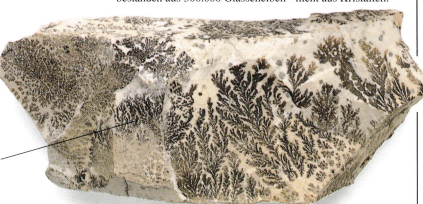

Pyrolusit-Dendriten

KRISTALLZEICHNUNG
Hier handelt es sich nicht um Farne, sondern um kristalline Verästelungen, Dendriten (S. 21). Sie durchziehen Felsspalten und -risse.

Miniatur einer juwelengeschmückten Inderin (18.Jh.)

Geschliffener Heliodor (S. 38-39)

SCHMUCKSTÜCK
Edelsteine sind meist natürliche Kristalle - schön, dauerhaft und selten. Man schleift und poliert sie (S. 58-59). Doch „züchtet" man Kristalle (S. 26-27) auch künstlich und schleift sie zu Schmucksteinen.

Geschliffener Aquamarin (S. 38-39)

KEIN LEERES NEST
An unerwarteten Stellen, z.B. auf Äckern, finden sich Nester (Geoden, S. 62) mit funkelnden Kristallen im Kern.

FALSCHE FLAGGE
Was wir als „Kristall" kennen, ist oft nur Glas - und das ist amorph (griech. „gestaltlos"). Seine schnelle Abkühlung verhinderte die regelmäßige Anordnung der Atome zu Kristallen.

Kristalle überall

Wir leben auf einem Kristallplaneten in einer Welt aus Kristall. Das Gestein der Erde und des Mondes besteht ebenso wie die Meteoriten (Splitter aus dem All) aus Mineralien. Mineralien sind chemisch einheitliche Naturstoffe. Meist bilden sie Kristalle, und diese wiederum bestehen aus unvorstellbar vielen winzigen Bausteinen: Atomen verschiedener Elemente wie Sauerstoff, Silizium und sechs häufiger Metalle, u.a. Eisen und Kalzium. Berge und Meeresböden bestehen aus kristallinen Teilchen. Am Strand treten wir auf Kristalle. Im Haushalt (S. 62-63) und bei der Arbeit (S. 28-29) kommen wir ohne sie nicht aus. Computer und viele andere moderne Geräte wären ohne Kristalle nicht denkbar.

SCHALEN
Die Erde ist aus drei Schalen aufgebaut: Erdkruste, Erdmantel und Erdkern. Die Gesteine, die diese Schichten bilden, bestehen meist aus zwei oder mehr Mineralien, reiner Marmor und Quarzit allerdings nur aus einem.

GRANIT
Granit ist ein typisches Gestein der Erdkruste. Seine Hauptbestandteile sind Quarz, Feldspat und Glimmer. Bei diesem Granitbrocken erkennt man Kristalle des Feldspatminerals Orthoklas, kleine Quarzkristalle und Biotitglimmer.

EKLOGIT
Der obere Erdmantel besteht vermutlich hauptsächlich aus Peridotit, zum Teil auch aus Dunit und Eklogit (hier ein Stück Eklogit mit grünem Pryroxen und kleinen Granaten).

METEORIT
Man nimmt an, daß der Erdkern in seiner Zusammensetzung diesem Eisenmeteoriten ähnelt. Um seine Kristallstruktur hervorzuheben, wurde der Meteorit geschliffen, poliert und angeätzt.

LAVA
Flüssige Lava aus dem Erdinneren tritt beim Ausbruch des Vulkans Kilauea auf Hawaii aus. Wenn die Lava erkaltet, bilden sich Kristalle: sie erstarrt zu Stein.

GUT GEBAUT
Naturstein und viele andere Baustoffe sind kristallin. Auch die Festigkeit des Mörtels hängt vom Wachstum von Kristallen ab.

STAUB ZU STAUB
Kiesel, Sand und der größte Teil des Bodens bestehen aus Kristallen, wie das Gestein, aus dem sie durch Verwitterung entstanden sind. Auch das härteste Gestein zerfällt mit der Zeit zu Staub und wird vom Winde verweht.

Feldspatkristall

Basaltkiesel

Quarzitkiesel

Quarzsandkörner

Erde

TROPFSTEINHÖHLE
Kristalle bilden diese prachtvollen Stalaktiten und Stalagmiten in einer Grotte im Libanon.

EDLE TROPFEN
Tropfsteine bestehen vorwiegend aus Kalzitkristallen. Diese Stalagmiten wuchsen empor, als Wasser mit hohem Kalziumhydrogenkarbonatgehalt auf den Boden einer alten Mine tropfte, Kohlendioxid entwich, Wasser verdunstete und Kalziumkarbonat entstand.

Kalzitkristalle

Organische Kristalle

Die Elemente der gesteinsbildenden Mineralien sind auch von Bedeutung für das Leben auf der Erde. So kristallisieren z.B. Mineralien wie Kalzit und Apatit in Pflanzen und Tieren.

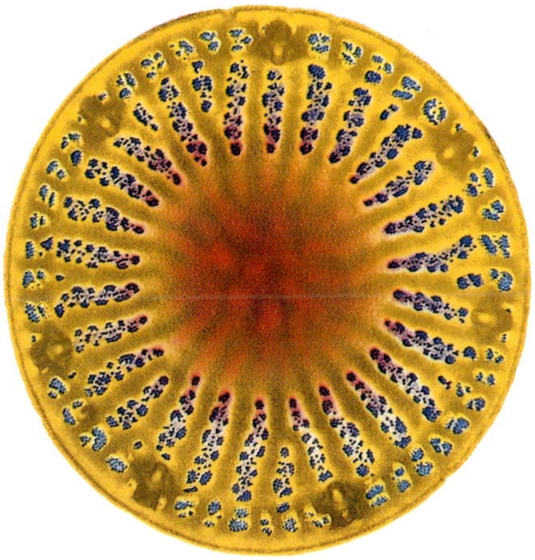

MIKROKRISTALLE
Unter dem Mikroskop erkennt man die symmetrische Struktur der Kieselalge *Cyclotella pseudostelligera*. Ihre Zellwände bestehen aus kleinsten Quarzkristallen.

TIERISCHES MINERAL
In Gallenblasen können sich Gallensteine bilden. Dieser Gallenstein einer Kuh zeigt die gleiche Zusammensetzung wie das natürliche Mineral Struvit.

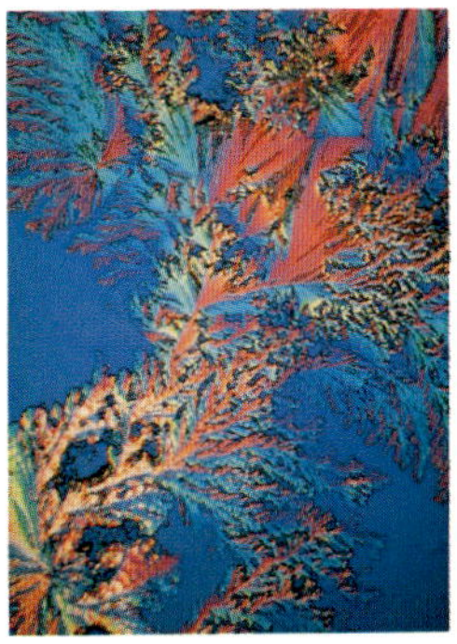

STRESS
Das vom Köper bei Streß gebildete Hormon Adrenalin kann kristallisieren, wie diese Mikrofotografie zeigt.

MENSCHENAPATIT
Knochen von Wirbeltieren, auch dieser menschliche Oberarmknochen, enthalten winzige Apatitkristalle.

Natürliche Schönheit

Wohlgeformte Kristalle sind von einzigartiger Schönheit und äußerst selten. Sie wachsen nur unter idealen Bedingungen (S. 20-21). Von diesen ohnehin sehr seltenen Exemplaren werden noch viele durch Menschenhand zerstört (z.B. im Bergbau). Die hier abgebildeten Kristalle sind verkleinert dargestellt. In Wirklichkeit sind sie etwa 40 Prozent größer.

PROUSTIT
Proustit (Lichtes Rotgültigerz) ist ein wichtiges Silbererz. Es bildet kirschrote Kristalle. Dieses Prachtexemplar stammt aus den berühmten Silberminen von Chanarcillo in Chile, die von 1830 bis 1880 ausgebeutet wurden.

"ZAHNRÄDER"
Diese herrlichen hellgrauen Bournonitkristalle stammen aus einer Bleimine in Cornwall in Südwestengland. Die Qualität der zwischen 1850 und 1875 in der Herodsfoot-Mine abgebauten Bournonitkristalle bleibt unübertroffen.

Die Science-Fiction-Schöpfung *Kristalltraum* des Franzosen Moebius (Jean Giraud) hat Kristallformen zum Modell.

Solche riesigen Berg- und Rauchquarzkristalle kommen in Hohlräumen bestimmter Gesteine vor, vor allem in Brasilien.

EPIDOT
Dieser einmalig schöne Epidot (=Pistazit) aus den Bergen Österreichs besitzt langgestreckte, säulenförmige Kristalle mit gelblichem Glasglanz (S. 23). Der Kristall stammt aus einem kleinen Lager, das 1865 von einem Bergführer entdeckt worden sein soll.

BARYT
Berühmt für ihre Barytkristalle sind die Eisenminen in Cumbria, Nordengland. Die Kristalle weisen ein reiches Farbspektum auf; aus jeder Mine kommt vorwiegend eine Farbe. Diese goldgelben Kristalle sind aus der Dalmellington-Mine, wo man im 19. Jahrhundert viele solcher Prachtexemplare fand.

TOPAS
Dieser vollkommene Topaskristall stammt aus dem sibirischen Borstschowotschnygebirge. Dort fand man im letzten Jahrhundert viele wunderschöne Topase. Die meisten waren sherryfarben, einige wogen bis zu 10 kg.

BENITOIT
Die dreieckigen, saphirblauen Benitoit-Kristalle vom Ufer des San Benito River in Kalifornien sind von bisher einzigartiger Qualität und Größe.

KALZIT
Kalzit ist ein weitverbreitetes Mineral und tritt als Kristall in vielen Formen und Farbschattierungen auf. Dieses Aggregat (Gruppe, S. 22) besteht aus vielen farblosen Kalzitkristallen, z.T. mit einem Hauch von Rot. Es kommt aus dem Eisenbergbaugebiet um Egremont, Cumbria.

Wunderschöne Beryllkristalle aus allen Teilen der Welt

Kristalle - von außen...

Ideale Kristalle weisen symmetrische Merkmale auf. Es gibt drei mögliche Symmetriearten. Läßt sich ein Kristall in zwei spiegelgleiche Hälften teilen, ist eine „Spiegel- oder Symmetrieebene" vorhanden. Dreht man z.B. einen länglichen, regelmäßig gewachsenen Kalzitkristall dreimal um seine Längsachse, so wiederholen sich dreimal (also immer nach 120^0) die gleichen Flächen und Kanten. Die Längsachse ist also eine dreizählige „Symmetrieachse". Je nachdem, wie oft sich die Ausgangsstellung beim Drehen wiederholt, gibt es zwei-, drei-, vier-, oder sechszählige Drehachsen. Die Zähligkeit bestimmt die Zugehörigkeit zu den verschiedenen Kristallsystemen (s.u.). Spiegelt sich jeder beliebige Punkt der Kristalloberfläche an einem Punkt im Zentrum, spricht man von einem „Symmetriezentrum".

IN KONTAKT
Das Kontaktgoniometer mißt die Winkel zwischen den Kristallflächen. Sie sind bei einem bestimmten Mineral immer gleich groß (Winkelkonstanzgesetz).

Winkelskala

Topaskristall in Meßposition

Romé de L'Isle (1736-90) führte das bereits 1669 von Steno aufgestellte Gesetz der Winkelkonstanz ein.

Kubisches System beim Bleiglanz. Symmetrieelement: vier dreizählige Drehachsen

SIEBEN SYSTEME
Kristalle unterteilt man nach dem Grad der Symmetrie in sieben Hauptgruppen, innerhalb derer sich alle Kristalle auf das gleiche Koordinatensystem (Achsenkreuz) beziehen lassen. Die Würfelform (kubisch) weist die höchste Symmetrie auf, die geringste findet sich im triklinen System, wo keine rechten Winkel auftreten.

Kristall in Meßposition

SPIEGELEIEN
Das Reflexionsgoniometer von 1860 mißt die Flächenwinkel kleiner Kristalle an der Lichtreflexion ihrer Flächen. Der Kristall dreht sich, bis eine Lichtreflexion aus zwei angrenzenden Flächen sichtbar wird. Der Winkel zwischen beiden Flächen ist am Teilkreis (rechts) ablesbar.

Tetragonales System beim Vesuvian. Hauptsymmetrieelement: eine vierzählige Achse.

Orthorhombisches System beim Baryt. Hauptsymmetrieelement: drei zweizählige Achsen.

Monoklines System beim Orthoklas (verzwillingt): eine zweizählige Achse

Triklines System beim Axinit. Keine Symmetrieachse.

Hexagonalsystem beim Beryll: eine sechszählige Achse

WER HAT RECHT?
Manche Kristallographen (Kristallforscher) zählen das Trigonal- zum Hexagonalsystem. Die Achsen sind die gleichen, das Trigonalsystem hat jedoch nur dreizählige Symmetrie, wie hier an den Endflächen zu sehen.

Trigonalsystem beim Kalzit: eine dreizählige Achse

SYMMETRIEMUSTER
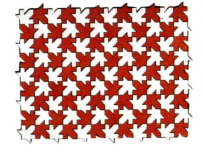
Eines von 13 Ahornblattmustern, das zum 13. Kongreß der Internationalen Kristallographie-Union 1981 in Kanada angefertigt wurde: die wiederkehrenden Motive spiegeln Elemente der Kristallsymmetrie wider.

Triklines Modell · Kubisches Modell · Hexagonales Modell

KRISTALLMODELLE
Diese deutschen Modelle entstanden um 1900 zur Veranschaulichung der Symmetrie. Die im Inneren gespannten Bindfäden stellen die Drehachsen dar.

Formenreich
Kristalle desselben Minerals sind nicht immer gleich. Die gleichen Flächen auf zwei Kristallen können sich in der Größe unterscheiden und so verschiedene Kristallgestalten bedingen (S. 22). Unterschiedliche Formen im kubischen System zeigen diese drei Pyritkristalle.

WÜRFEL
Jede der sechs rechtwinklig angeordneten Quadratflächen schneidet eine der vierzähligen Achsen und steht parallel zu den anderen beiden.

OKTAEDER
Der Körper hat 8 gleichseitige Dreiecksflächen. Jede davon schneidet alle drei der vierzähligen Achsen.

PYRITOEDER
Der Körper besitzt zwölf fünfseitige Flächen und wird auch Pentagondodekaeder genannt.

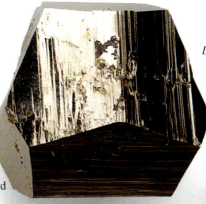

Skizzen über die Transformation geometrischer Körper von Leonardo da Vinci

Dodekaederfläche · *Oktaederfläche* · *Würfelfläche*

FORMENKOMBINATION
Bei diesen Kristallen treten Würfel- und Oktaederflächen zusammen mit schwach entwickelten Dodekaedern auf.

Unten: Würfelformen in verschiedenen Varianten

Oktaeder · Würfel und Oktaeder · Würfel · Würfel und Pyritoeder · Pyritoeder

...und von innen

Ring mit einem Diamanten

Graphitstift

UNGLEICHE BRÜDER
Diamant und Graphit bestehen beide aus Kohlenstoffatomen, haben jedoch aufgrund ihres unterschiedlichen Aufbaus völlig verschiedene Eigenschaften.

Die regelmäßige Anordnung der Kristallbausteine bestimmt die gleichmäßige Form und andere Eigenschaften. Bei diesen Bausteinen handelt es sich meist um Ionen, elektrisch geladene Atome oder Moleküle, die sich gegenseitig stark anziehen, so daß sie ihren Platz nicht verlassen können. Mineralien bilden ihre Kristalle stets auf die gleiche Art. Der Abbé Haüy (S. 15) begründete im 18. Jh. die Lehre von der Kristallstruktur. 1808 stellte Dalton die Theorie auf, daß die Materie aus winzigen Teilchen (Atomen) bestehe. Röntgen entdeckte 1895 die nach ihm benannten Strahlen und von Laue 1912, daß sich damit die Anordnung von Atomen in Festkörpern bestimmen läßt. Seitdem ist der innere Aufbau von Kristallen bekannt.

Graphitkristall

Graphitstruktur

GRAPHIT
Im Graphit ordnen sich die Kohlenstoffatome zu Sechsecken an, die sich zu Schichten zusammenschließen. Die nur schwach verbundenen Schichten können aneinander vorbeigleiten, daher ist Graphit ein sehr weiches Material.

Diamantkristall

DIAMANT
Jedes Kohlenstoffatom des Diamanten ist mit vier anderen verbunden. Die sehr starken Bindungskräfte machen ihn sehr viel härter als Graphit.

Strukturmodell des Diamanten

Augitkristall

STRAHLSTEIN
Außer in Kalkstein kommen Silikat-Mineralien in allen Gesteinsarten vor. Grundbausteine sind jeweils ein Silizium- und vier Sauerstoffatome (SiO_4). Die Struktur des Strahlsteins aus der Gruppe der Amphibole baut sich aus Zweierketten solcher Tetraeder auf.

GOLDATOME
Kristalline Festkörper haben komplexe Atomgitter. Hier sieht man ein Goldatomgitter in millionenfacher Vergrößerung: jeder gelbe Klecks ist ein Atom.

AUGIT
Augit gehört zu den Pyroxenen, einer wichtigen Silikatgruppe. Die Struktur dieser Mineralien beruht auf einer einfachen SiO_4-Kette.

Sauerstoffatom

Siliziumatom

Modell eines Kettensilikats mit SiO_4-Tetraedern

Modell einer Zweierkette mit SiO_4-Tetraedern

BERYLL
Bei manchen Silikaten schließen sich drei, vier oder sechs SiO_4-Tetraeder zu Ringen zusammen. Beim Beryll (S. 38-39) bestehen die Ringe aus sechs Tetraedern.

ELEKTROMAGNETISCHE WELLEN
Röntgenstrahlen zählen zum elektromagnetischen Strahlungsspektrum. Alle Strahlungen, darunter Licht und Wärme, lassen sich als Wellen beschreiben, die sich nur im Abstand zwischen den Wellenbergen, der Wellenlänge, unterscheiden. Weißes Licht besteht aus verschiedenen Wellenlängen zwischen Rot und Violett im Spektrum (S. 16). Diese sind mit bloßem Auge zu erkennen, der größte Teil des Spektrums jedoch nicht.

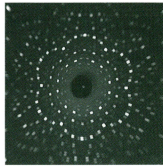

RÖNTGENBILD
Dieses Foto von Laues zeigt die Beugung eines Röntgenstrahls durch einen Beryllkristall. Das symmetrische Muster entspricht der hexagonalen (sechsseitigen) Symmetrie des Kristalls.

MAX VON LAUE (1879-1960) schloß aus Röntgenfotos, daß bei Kristallen die Atome vermutlich in einem Gitter angeordnet sind.

Spaltbarkeit
Manche Kristalle brechen entlang definierter Spaltflächen, die für alle Exemplare ihrer Art typisch sind. Sie bilden sich entlang der schwächsten Fläche und beweisen die gesetzmäßige Anordnung der Atome.

EIN GLATTER BRUCH
Dieser schöne blaue Topas aus Madagaskar zeigt einen vollkommenen Bruch. Der Topas zählt zu den Silikaten mit Strukturen aus isolierten SiO_4-Gruppen.

Spaltfläche

GLIMMER
Glimmer sind gut spaltbare Silikatmineralien. Zwischen den Atomen verschiedener Schichten bestehen nur schwache Bindungen, so daß die Schichten leicht zu trennen sind.

Blättrige Spaltung

DER ABBÉ HAÜY (1743-1822)
Haüy schloß von der regelmäßigen äußeren Form der Kristalle auf entsprechend gleichmäßigen Aufbau im Innern. Da er sah, daß sich Kalzit oft in Rhomben spaltet, vermutete er ähnlich angeordnete Bausteine im Innern.

QUARZ
Quarz besteht aus dreidimensional fest miteinander verbundenen SiO_4-Tetraedern. Die Kristalle sind schwer spaltbar, weisen jedoch einen abgerundeten, konzentrischen Bruch („muschelig") auf.

Kristallfarben

Die Farbenpracht der Kristalle sticht besonders ins Auge. Viele Mineralien kommen in einem breiten Spektrum von Farben vor, die auf unterschiedliche Art entstehen. Wenn Lichtwellen auf unser Auge treffen, entsteht durch komplizierte Vorgänge in Auge und Gehirn der Sinneseindruck einer bestimmten Farbe. In weißem Licht (Tageslicht) werden vom Kristall einige Wellenlängen reflektiert, andere werden absorbiert. Die reflektierten Wellenlängen erscheinen als nichtweiße Farbe, da zur Entstehung von Weiß ja einige Wellen fehlen. Wird kein Licht absorbiert, erscheint das Mineral farblos.

MONDSTEINE sind die bekanntesten Feldspat-Edelsteine. Schichten winziger Albitkristalle im Orthoklas geben ihnen einen weißen oder blauen Schimmer.

Bergkristall, klar, farblos

Violetter Amethyst, klar

Milchiger Quarz, opak

DURCHBLICKE Kristalle sind entweder klar (durchsichtig, fast alles Licht durchlassend), durchscheinend (lichtdurchlässig, aber nicht ganz durchsichtig) oder opak (lichtundurchlässig, trüb). Die meisten Edelsteine sind klar, können aber farbig oder farblos sein.

Idiochromatisch

Manche Mineralien zeigen immer dieselbe Farbe, da ihre lichtabsorbierenden Atome ein wesentliches Element ihrer Kristallstruktur sind. Solche Mineralien nennt man idiochromatisch (eigenfarbig). Kupfermineralien sind fast immer rot, grün oder blau, je nach Lichtabsorption durch das Kupfer.

ISAAC NEWTON (1642-1727) Der berühmte englische Physiker erforschte u.a. die Natur des weißen Lichts und entdeckte, daß man es in sieben verschiedene Farben zerlegen kann. Daraus leitete er die Erklärung für den Regenbogen ab.

Zerlegung des weißen Lichts (Dispersion) in die Spektralfarben durch ein Prisma

SCHWEFEL Schwefel ist ein idiochromatisches Mineral mit leuchtend gelben Kristallen. Sie finden sich oft als Kruste um Vulkanschlote und Fumarolen (S. 20).

AZURIT Azurit ist ein Kupfermineral mit Blauton, daher der Name „azurblau". Im Altertum wurde es zerstampft und als Farbstoff verwendet.

Allochromatisch

Viele Mineralien kommen aufgrund von Unreinheiten oder lichtabsorbierenden Fehlern in der Struktur in vielen Farben vor. Man bezeichnet sie als allochromatisch. So können z.B. Quarz, Diamant, Beryll und Korund rot, grün, gelb und blau sein.

RHODOCHROSIT
Manganmineralien wie Rhodochrosit sind meist zartrosa oder rot. Dieser Beryll verdankt seine hellrote Farbe Spuren von Mangan.

KOBALTBLÜTE
Kobaltmineralien sind in der Regel rosa oder rötlich. Spuren von Kobalt färben ansonsten farbloses Mineral.

FLUORIT
Manche Mineralien absorbieren unsichtbares ultraviolettes Licht (S. 15) und strahlen dann sichtbares Licht ab, sie „fluoreszieren". Die fluoreszierende Farbe eines Minerals unterscheidet sich von seiner Farbe bei Tageslicht. Dieses Flußspatmineral ist z.B. im Tageslicht grün.

Farbenspiel

Manche Mineralien schillern wie Seifenblasen oder die Oberfläche eines Ölfilms. Solche Effekte beruhen auf der Brechung und Reflexion von Licht an verschiedenen Schichten, die dazu führen, daß sich die Lichtwellen überlagern (Interferenz). Bei Kristallen sind hierfür Verzwillingung (S. 21) und Spaltflächen (S. 15) verantwortlich. Winzige plättchenartige Einschlüsse wirken ähnlich.

SALZ
Die Farbigkeit von Kochsalz ist vermutlich zurückzuführen auf ein Farbzentrum in der Struktur des Kristalls, das durch ein fehlendes Atom entsteht.

HÄMATIT
Diese Hämatitkristalle aus Elba schillern in allen Regenbogenfarben, sie „irisieren". Ursache ist die Überlagerung von Lichtwellen (Interferenz).

LABRADORIT
Dieses Feldspatmineral bildet gelbliche Kristalle, öfters aber graublaue kristalline Massen. Innere Zwillingsbildung führt zu Interferenz und schillerndem Farbenspiel (Labradorisieren).

Sherlock Holmes, die berühmte Kriminalromanfigur, befindet sich mit einem Hund auf Spurensuche.

Bestimmung

Die erste Frage bezüglich eines Minerals, Kristalls oder Edelsteins lautet fast immer: „Was ist das?". Voraussetzung für die Bestimmung eines Kristalls ist eine Untersuchung seiner Eigenschaften. Fast alle Mineralien haben fest definierte chemische Zusammensetzungen und eine klar erkennbare Struktur (S. 14-15), die die charakteristischen Merkmale bestimmen. Farbe (S. 16-17), Habitus (S. 22-23), Spaltbarkeit (S. 15) und Oberfläche lassen sich mit der Lupe untersuchen, doch meist reicht das nicht zur eindeutigen Bestimmung. Andere Eigenschaften wie Härte und Dichte (spezifisches Gewicht; D) lassen sich mit einer Grundausrüstung ermitteln, doch zur Erforschung von optischen Eigenschaften, Atomstruktur oder chemischer Zusammensetzung sind komplizierte Geräte nötig.

VERWECHSLUNGSGEFAHR
Zwei fast gleichfarbige, aber verschiedene Edelsteine: ein gelber Topas (S. 42) und ein Zitrin (S. 32).

DOPPELT SEHEN
Eine wichtige Eigenschaft mancher Kristalle ist die Doppelbrechung (hier in einem Kalzitrhombus). Der einfallende Lichtstrahl wird gespalten, so daß ein doppeltes Bild entsteht.

Doppelbild eines Wollfadens in Kalzit

Hydrostatische Waage zur Bestimmung des spezifischen Gewichts

Orthoklas D 2,6   Bleiglanz D 7,4

AUSGEWOGEN
Das spezifische Gewicht gibt an, um wieviel ein Stoff schwerer ist als die volumengleiche Menge an Wasser. Teilt man die Masse (das „Gewicht") eines Körpers durch sein Volumen, erhält man seine Dichte (sein „spezifisches Gewicht"). Bei beiden Kristallen ist die Größe nahezu gleich, die Dichte aber aufgrund der Art und Anordnung ihrer Atome unterschiedlich.

Härte

Die Härte eines Festkörpers hängt davon ab, wie stark die Bindungskräfte zwischen den einzelnen Atomen sind. 1812 entwickelte F. Mohs die nach ihm benannte Härteskala. Er wählte zehn Mineralien aus und ordnete sie nach ihrer Härte, wobei jedes nur das nach ihm rangierende ritzen kann. Die Härteunterschiede sind zwischen den zehn Mineralien gleich, ausgenommen die Stufe vom Korund (9) zum Diamanten (10).

1 Speckstein

2 Gips

3 Kalzit

4 Flußspat

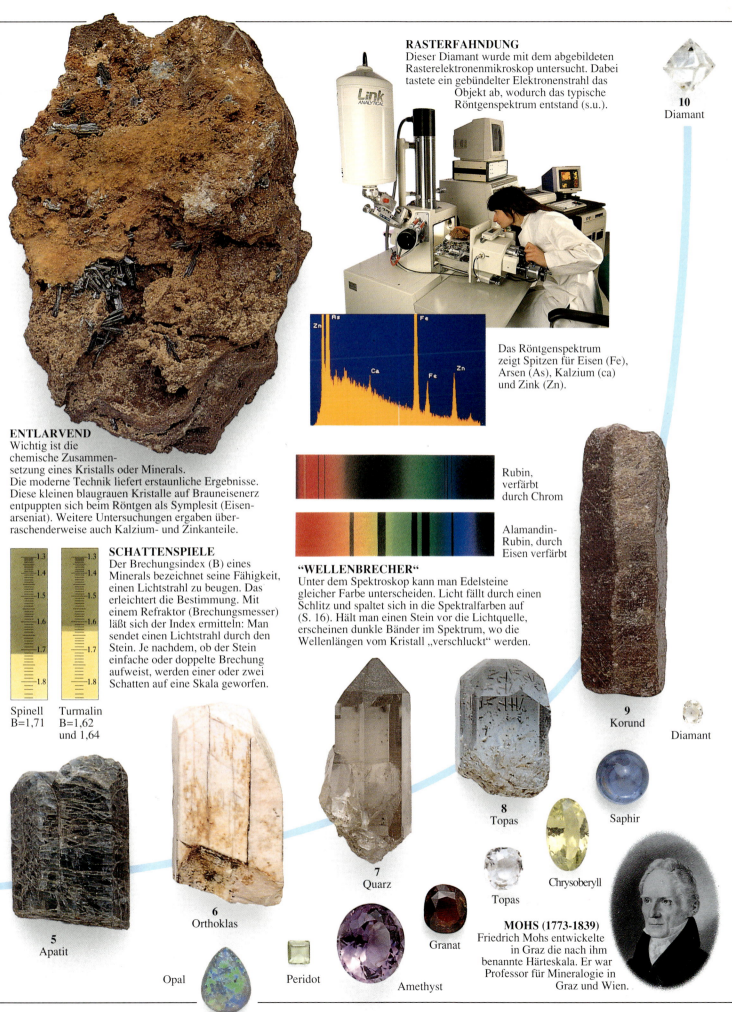

RASTERFAHNDUNG
Dieser Diamant wurde mit dem abgebildeten Rasterelektronenmikroskop untersucht. Dabei tastete ein gebündelter Elektronenstrahl das Objekt ab, wodurch das typische Röntgenspektrum entstand (s.u.).

10 Diamant

Das Röntgenspektrum zeigt Spitzen für Eisen (Fe), Arsen (As), Kalzium (ca) und Zink (Zn).

ENTLARVEND
Wichtig ist die chemische Zusammensetzung eines Kristalls oder Minerals. Die moderne Technik liefert erstaunliche Ergebnisse. Diese kleinen blaugrauen Kristalle auf Brauneisenerz entpuppten sich beim Röntgen als Symplesit (Eisenarseniat). Weitere Untersuchungen ergaben überraschenderweise auch Kalzium- und Zinkanteile.

Rubin, verfärbt durch Chrom

Alamandin-Rubin, durch Eisen verfärbt

SCHATTENSPIELE
Der Brechungsindex (B) eines Minerals bezeichnet seine Fähigkeit, einen Lichtstrahl zu beugen. Das erleichtert die Bestimmung. Mit einem Refraktor (Brechungsmesser) läßt sich der Index ermitteln: Man sendet einen Lichtstrahl durch den Stein. Je nachdem, ob der Stein einfache oder doppelte Brechung aufweist, werden einer oder zwei Schatten auf eine Skala geworfen.

"WELLENBRECHER"
Unter dem Spektroskop kann man Edelsteine gleicher Farbe unterscheiden. Licht fällt durch einen Schlitz und spaltet sich in die Spektralfarben auf (S. 16). Hält man einen Stein vor die Lichtquelle, erscheinen dunkle Bänder im Spektrum, wo die Wellenlängen vom Kristall „verschluckt" werden.

Spinell B=1,71

Turmalin B=1,62 und 1,64

9 Korund

Diamant

8 Topas

Saphir

7 Quarz

Chrysoberyll

Topas

6 Orthoklas

MOHS (1773-1839)
Friedrich Mohs entwickelte in Graz die nach ihm benannte Härteskala. Er war Professor für Mineralogie in Graz und Wien.

5 Apatit

Opal

Peridot

Amethyst

Granat

Natürliches Wachstum

Kristalle wachsen, indem sich die Bausteine Schicht für Schicht zu einem regelmäßigen dreidimensionalen Gitter (S. 14-15) anordnen. Sie bilden sich aus Gasen, Flüssigkeiten oder Festkörpern und wachsen aus einem Keim oder von einer Oberfläche. Ein vollkommener Kristall findet sich selten. Temperatur, Druck, chemische Bedingungen und vorhandener Platz beeinflussen das Wachstum. Da sich in einer Stunde Millionen und Abermillionen von Atomen an der Kristalloberfläche ablagern, überrascht es nicht, daß Baufehler vorkommen.

KRISTALLSCHICHTEN
Die Vergrößerung (Mikrophotographie) zeigt Schichten verschiedener Kristalle in einem Dünnschliff magmatischen Gesteins.

VERDREHT
Manche Kristalle sind wie dieser Antimonit verdreht - vielleicht durch mechanische Einwirkung beim Wachsen.

Salmiakkristalle

MINERALQUELLEN
Heiße, wäßrige Minerallösungen und mineralhaltige Gase kommen manchmal durch heiße Quellen oder durch Fumarolen genannte Gasaustrittsstellen an die Erdoberfläche. Die Mineralien (z.B. Salmiak) können dann auskristallisieren.

KRISTALLISATION
Bei der Abkühlung von Magma bilden sich verschiedene Kristalle, manchmal in Schichten, da die gesteinsbildenden Mineralien nicht gleichzeitig auskristallisieren.

IN DER TASCHE
Kristalle wachsen oft in Hohlräumen von Gesteinen, welche dann als Drusen bezeichnet werden. Diese Druse wurde 1979 in Maine gefunden.

MIT GEWALT
Durch die hohen Temperaturen und den Druck in der Erdkruste können Mineralien in Festgestein neu kristallisieren. Das ist die sogenannte Metamorphose. Auf diese Art entstanden auch diese blauen Cyanit- und braunen Staurolithkristalle.

Siderit *Kupferkies* *Quarz*

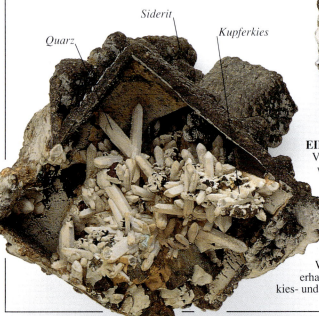

EIN ÜBERRASCHUNGSPAKET
Viele Mineralien kristallisieren aus wäßrigen Lösungen. Wir sehen nur das Endprodukt, können aber oft die Entstehung nachvollziehen. Dieses Exemplar entstand aus einem Flußspat, der mit Siderit überzogen wurde. Später löste sich der Flußspat auf und verschwand, die typische Würfelform seines Kristalls blieb erhalten. Zuletzt wuchsen Kupferkies- und Quarzkristalle im hohlen Würfel.

BAUSTEINE
Wolkenkratzer entstehen ähnlich wie Kristalle - Schicht um Schicht in derselben symmetrischen Form.

Zwillinge

Beim Kristallisieren können zwei Kristalle eines Minerals symmetrisch miteinander verwachsen oder sich durchdringen, entsprechend unterscheidet man Berührungs- und Durchdringungszwillinge. Wenn sich der Vorgang wiederholt, entstehen Drillinge, Vierlinge oder Viellinge.

Ätzfigur

ECHT ÄTZEND
Wie in diesem Beryll können Säuren oder heiße Gase in Mineralien Ätzfiguren bilden, wenn sich das Mineral löst. Von der Form der Figuren läßt sich auf das Kristallsystem schließen.

SPIRALE
Kristallflächen sind aufgrund zahlreicher Kristallbaufehler selten eben. In dieser Vergrößerung erkennt man, daß die Atome Spiralen statt der üblichen Schichten über die Fläche bilden.

SCHMETTERLINGE
Diese Zwillingsform nennt man Schwalbenschwanz. Das Bild zeigt einen Kalzitkristall.

DURCHKREUZT
Durchdringen sich zwei Kristalle, spricht man von Durchdringungs- oder Durchkreuzungszwillingen (hier ein violetter Flußspatzwilling).

Zwillingsstreifen am Pyritkristall

UM DIE WETTE
Versuchen zwei Kristallformen gleichzeitig zu wachsen (S. 13), bilden sich an den Kristallflächen sogenannte Zwillingsstreifen.

AUF DEN TRICHTER
kommen Mineralien, hier Bleiglanz, wenn einige Kristalle an den Kanten schneller wachsen als im Innern. Dann entstehen trichterförmige Hohlräume in der Kristallfläche.

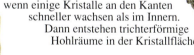

KRISTALLGEHEGE
Hämatit-, Chlorit-, Turmalin- und andere Kristalle durchziehen als Einschlüsse andere Mineralien.

Rutilnadeln (Venushaar) im Quarz

Flüssige Einschlüsse

PHANTOMQUARZ
Diese Schichten bildeten sich, als dunkelgrüne Chlorite die Quarzkristalle in Wachstumspausen überzogen. Man spricht hier von Phantom- oder Gespensterquarz.

Phantom- oder Gespensterschichten

Flußspatkristall mit Einschlüssen alter mineralbildender Flüssigkeiten

Wohlgestaltet

Zwei Faktoren bestimmen die Gestalt eines Kristalls, die „Tracht" (Flächenkombination: „Welche Flächen kommen vor?") und der „Habitus" (lat. „Aussehen"). Der Habitus ergibt sich aus der relativen Länge und Breite der Flächen eines Kristalls. Viele Kristalle haben im Idealfall einen ganz typischen Habitus und sind dann schon an ihrer äußeren Form erkennbar. Doch meist reicht die Betrachtung der Gestalt allein nicht zur Bestimmung aus. Häufig kommen Mineralien als Gruppen von Kristallen, als „Aggregate" vor, selten als formschöne Einzelkristalle.

TAFELIG
Dieser große rote Wulfenitkristall stammt aus der *Red-Cloud-Mine* in Arizona. Der Habitus ist tafelig. Solche Kristalle sind oft extrem dünn. Wulfenit zählt zum Tetragonalsystem.

ZWEI FORMEN
Diese „Pilze" sind Kalzitkristalle. Sie zeigen die Entwicklung zweier Formen: ein Skalenoeder bildet den „Stiel", den parallel liegende Rhomboeder begrenzen. Sie kommen aus Cumbria, England.

STALAKTITISCH
nennt man die schwarz glänzenden Goethit-aggregate in dieser Gruppe aus Koblenz. Goethit ist ein wichtiges Eisenerz und gehört zum orthorhombischen System.

SPIESSIG
Wie ein Seeigel mutet dieser Mesolith mit seinen nadeligen, radialstrahligen Kristallen an. Sie sind leicht zerbrechlich und stechen wie Nadeln. Dieses Aggregat stammt aus Bombay.

MASSIVBAU
Wenn die Kristalle wie bei diesem Dumortierit nicht einzeln erkennbar sind, sondern dicht gepackt, spricht man von massiven Kristallen. Dieser Dumortieritbrocken stammt aus Bahia, Brasilien.

KRISTALLARTIG
wirken diese Basaltsäulen im *Giant's Causeway* an der Nordküste Irlands. Die Säulenbildung beruht jedoch nicht auf Kristallwachstum, sondern auf Abkühlungsschrumpfung der heißen Lava.

LAUTER ERBSEN
Dieser Kalkstein aus der Tschechoslowakei ist pisolithisch, nach erbsengroßen runden Kristall-aggregaten (Pisolithen) benannt, die sich aus konzentrischen Schichten aufbauen.

Seit uralten Zeiten

Stich aus dem 19. Jh.: Bergleute fahren in die Steinsalzmine in Wiellczka/Polen ein.

Bereits in prähistorischer Zeit suchte man nach Bodenschätzen und Edelsteinen. Kupfer ist relativ häufig; Silber, Gold und Diamanten sind seltener, erzielen aber höhere Preise. Soll sich der Abbau lohnen, muß das Material in ausreichender Menge vorhanden und verhältnismäßig leicht zu gewinnen sein, sei es im Tagebau oder unter Tage. Mineralien, aus denen man Nutzmetalle wie Kupfer, Eisen oder Zinn gewinnt, nennt man Erze.

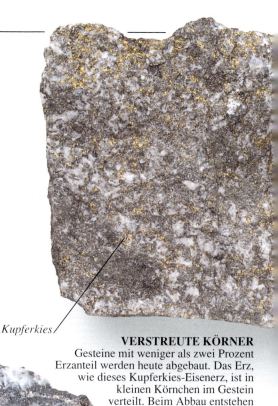

Kupferkies

VERSTREUTE KÖRNER
Gesteine mit weniger als zwei Prozent Erzanteil werden heute abgebaut. Das Erz, wie dieses Kupferkies-Eisenerz, ist in kleinen Körnchen im Gestein verteilt. Beim Abbau entstehen Riesenmengen von Geschütte oder Abraum. Zurück bleibt ein gewaltiges Loch.

Kupfererz

Quarz

REICHE ADER
Größere Erzvorkommen treten als Adern auf, doch die meisten hochwertigen Erze sind bereits abgebaut. Erzadern werden in der Regel unter Tage ausgebeutet. Diese Ader in Granit enthält Kupferkies und Quarz.

RÖMER IN CORNWALL
Die Technik des Bergbaus hat sich seit der Römerzeit verfeinert, doch noch immer wird das Erz gepocht und von anderen Ganggesteinen geschieden, danach verfeint.

Barren gefeinten Zinns aus Cornwall

Blaue Linsenerzkristalle (ein Kupfererz) aus einer sekundär angereicherten Schicht

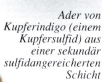

Ader von Kupferindigo (einem Kupfersulfid) aus einer sekundär sulfidangereicherten Schicht

ALLMÄHLICHE VERBESSERUNG
Der natürliche Prozeß sekundärer Anreicherung kann relativ geringe Erzanteile in höhere verwandeln. Das Grundwasser sickert durch die oberen Gesteinsschichten und führt Elemente nach unten. Diese lagern sich in unteren Schichten ab und reichern sie somit an. Angereicherte Schichten können enthalten: Azurit, Malachit, auch Linsenerz oder Sulfidmineralien wie Bornit, Kupferglanz und Kupferindigo.

GOLDWÄSCHER
Im wirbelnden Wasser der Metall- oder Holzschale werden die unerwünschten Ganggesteine weggewaschen, Gold oder andere Mineralien bleiben zurück. Hier wird die Technik beim Aussieben edelsteinreicher Flußkiese in Myanmar (früher Birma) und Thailand angewandt.

Ein Goldwäscher am Irrawaddy in Myanmar sucht nach aufblitzenden Goldkörnern.

Turmalinkristall

NACHZÜGLER
Granitpegmatite bestehen aus großen Kristallen und liefern viele schöne Schmucksteine, wie Turmaline (S. 43), Topase (S. 42), Berylle (S. 38-39). Sie entstehen durch Kristallisation der Restflüssigkeiten vor dem Erstarren des Granits.

AUSTRALIEN
ist die Heimat schöner weißer Opale (S. 40-41). In der Coober-Pedy-Mine im Süden des Landes werden sie im Untertagebau gefördert.

ETWAS KLEINER
Diese Beryllkristalle messen ca. 20 x 14 cm, sind im Vergleich zu anderen Kristallen in Pegmatiten aber klein.

TAGEBAU
Aus der Argyle-Mine in Westaustralien kommt ein Drittel der jährlich geförderten Diamanten (S. 34-35).

Zuchtkristalle

Seit über hundert Jahren haben sich Wissenschaftler um die künstliche Erzeugung von Kristallen bemüht, die jenen aus der Erdkruste gleichen. Naturkristalle enthalten oft Verunreinigungen oder Fehler (S. 20-21), synthetische lassen sich makellos herstellen. Gestalt und Größe lassen sich beliebig festlegen. In jüngster Zeit hat eine Reihe von Kunstkristallen für die moderne Technologie an Bedeutung gewonnen. Heute finden sie sich fast in jedem elektronischen oder optischen Gerät. Die zukünftige Entwicklung der Elektronik hängt nicht zuletzt von der Weiterentwicklung der Kristallzuchttechnik ab.

HEISS UND KALT
Diese Gruppe von Wismutkristallen entstand durch Schmelzen und Abkühlen des Metalls in einem Tiegel. Verwendungszweck: Löten, elektrische Sicherungen, Farbstoffe.

ALLES FLIESST
Viele Smaragde entstehen durch die Schmelzflußtechnik. Die Bestandteile des Smaragds werden in Pulverform mit einem Schmelzmittel im Tiegel erhitzt. Das Mittel schmilzt, das Pulver löst sich auf, nach der Abkühlung bilden sich daraus Kristalle. Die Wachstumsdauer beträgt mehrere Monate.

EIN SCHÖNER ZUG
In der Natur kommt reines Silizium nicht vor, doch man kann Kristalle züchten. Quarzsand wird in einem Tiegel zusammen mit Koks erhitzt. In die Schmelze taucht man einen Kristallkeim an einem rotierenden Stab und zieht ihn langsam heraus (man „zieht" einen Kristall).

Synthetischer Smaragd, geschliffen

Synthetischer Smaragdkristall

KRISTALLE IM ALL
Sogar im All wird mit Kristallzucht experimentiert. Der Astronaut George Nelson fotografiert einen Versuch mit Proteinkristallen an Bord der Discovery 1988.

Kristallzucht

Lupenreine Kristalle lassen sich durch langsames Abkühlen oder Verdunstung übersättigter Salzlösungen (Halit, Alaun oder Ammoniumdihydrogenphosphat (ADP)) erzeugen. Die Fotos halten folgenden Versuch fest: ADP in Pulverform mit kleiner Chromalaun-Verunreinigung wird in kochendem Wasser völlig aufgelöst und dann abgekühlt.

Die Flüssigkeit erkaltet: Bildung prismatischer wolkiger Kristalle.

Die Kristalle wachsen langsamer und werden klarer.

Die Kristalle wachsen bei Raumtemperatur weiter.

Weiteres Wachstum, da das Wasser verdunstet.

Kristalle bei der Arbeit

Kristalle spielen eine wichtige Rolle im schnellebigen technischen Zeitalter. Zwar wußte man bereits vor unserem Jahrhundert Grundlegendes über Kristalle, doch erst in jüngster Zeit gewann die Kristalltechnologie an Bedeutung: Kristalle finden in Steuerschaltungen, Maschinen, Kommunikationsmitteln, Industriewerkzeugen, in der Elektronik und in der Medizin Verwendung. Auch beim Einkaufen begegnen sie uns – in Kreditkarten. Aus dem Kristallabor (S. 26-27) kamen schon der Siliziumchip, Rubinlaserstäbe und Diamanten für vielerlei Werkzeuge. Immer neue Kristalle werden für besondere Zwecke entwickelt.

DIAMANTENFENSTER
Auch im All hat man bereits Diamanten eingesetzt, da sie aufgrund ihrer enormen Härte extremen Bedingungen trotzen. Für ein Experiment der *Pioneer*-Sonde zur Venus setzte man ein Diamantfenster in dieses Infrarot-Radiometer. Das nur 2,8 mm dicke Fenster widerstand einer Temperatur von 450°C nahe der Venusoberfläche.

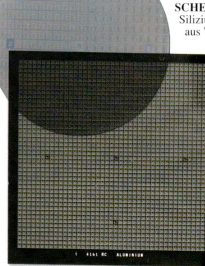

Wafer

SCHEIBCHENWEISE
Siliziumchips stellt man aus Wafers, hauchdünnen Scheiben von künstlichen Siliziumkristallen (S. 26), her. Die elektronischen Schaltungen werden aufgeätzt. Die Schaltmuster überträgt man durch ein Stück Film, die Matrix, auf den Wafer.

Siliziumchip-Matrix

PLATINE
In einem Großcomputer befinden sich viele Chips mit unterschiedlichen Funktionen. Die Chips sind zum Schutz in Kunststoff eingegossen und durch Leiterbahnen mit den anderen auf einer Trägerplatte (Platine) verbunden.

KLUGE KARTEN
In den Siliziumchips dieser drei Kreditkarten sitzen eingebaute Minicomputer. Solche „klugen" Karten sind schon teilweise in Gebrauch, werden aber noch weiterentwickelt. Schon jetzt geben sie ihren Besitzern Auskunft über den Kontostand und ähnliche persönliche Daten.

RUBINSTAB
Manche Laser verwenden Rubinkristalle. Die Atome im Rubin werden durch Licht einer bestimmten Wellenlänge angeregt (S. 15) und treten in Wechselwirkung mit den Lichtwellen. So entsteht ein rein roter Laserstrahl.

Siliziumchip

LASERSTRAHLEN
Die sehr heißen Laserstrahlen können auf kleinste Punkte gerichtet werden. Das nutzt man beim Punktschweißen und Bohren und in der Chirurgie.

Diamantwerkzeug

Zum Sägen, Bohren und Schleifen werden Diamanten wegen ihrer Härte gern verwendet. Man setzt sie in vielen Bereichen ein, vom Steinbruch bis zur Augenchirurgie. Entsprechend unterschiedlich sind Form und Größe. Über 80% der Industriediamanten sind synthetisch.

Augenoperation: Der Chirurg benutzt ein Skalpell mit Diamantklinge.

BOHRER
Für Gesteins- und Erdbohrungen benutzt man Diamantbohrer, auch im Bergbau und zur Ölförderung. Meist sind die Meißel mit Diamanten besetzt. Andere Bohrer werden mit Diamantstaub oder Schmirgel beschichtet.

DIAMANTSKALPELL
Der Diamant ist nicht nur hart, sondern auch rostfrei, also ideal für die Chirurgie. Dieses Skalpell hat eine Naturdiamantklinge.

AUF DRAHT
Beim Schneiden mit Diamantdraht gibt es kaum Materialverlust. Diamantdraht benutzt man unter anderem zum Schneiden von Steinen und für Abrißarbeiten an Betonbauten. Der Draht wird um eine Trommel gewickelt oder als Endlosband benutzt.

Diamantklinge

Mit Naturdiamanten besetzte Bohrkrone

"Perle" aus synthetischem Diamantschleifstein

Mit synthetischem Diamantschmirgel beschichtete Bohrkrone

DIAMANTSTAUB
Schleif- und Polierpulver stellt man aus Synthetikdiamanten oder wertlosen Natursteinen her.

Schneideteil mit synthetischem Diamantschmirgel

ZAHNERSATZ
Mit diamantbesetzten Sägen schneidet man Glas, Keramik und Stein. Die Sägeblätter haben einen mit Industriediamanten bestückten Rand, der auf einer Stahlplatte sitzt. Diese Zähne stecken in einem Träger aus Messing. Beim Schneiden nutzt sich der Träger ab, neue Diamanten treten heraus.

Mit einer Diamantsäge wird eine Fensteröffnung in eine Ziegelmauer geschnitten.

Immer in Schwung

Quarz ist nach den Feldspäten das häufigste Mineral der Erdkruste. Es tritt oft in Adern auf (S. 24), und häufig gehen Quarzvorkommen mit anderen großen Minerallagern einher. Quarz ist auch ein Hauptbestandteil von Granit, Sand und Sandstein. Als Quarzit und Sandstein findet es häufig Verwendung als Baumaterial und bei der Herstellung von Glas und Keramik. Eine höchst interessante Eigenschaft der Quarzkristalle ist die Piezoelektrizität (S. 31). Dadurch eignet sich Quarz zur Druckmessung, und Quarzkristallschwingungen sorgen für gleichbleibende Frequenzkontrolle in Radios und Fernsehern. Den „kristallelektrischen Effekt" nutzt man auch bei Gasanzündern. Auf Druck produziert der Kristall einen Funken, der das Gas entzündet. Auch zum Heilen von Krankheiten werden Kristalle eingesetzt.

ENTTHRONTER FAVORIT
Quarzkristalle aus Brasilien spielten vor dem Aufkommen von Synthetikkristallen (S. 26-27) eine große Rolle in der Elektronik. Ein Minenarbeiter zeigt einen der Riesenkristalle.

ENERGIEWELLEN
Quarzkristalle in der Elektronik: Sie verwandeln die mechanische Energie eines Hammerschlags in elektrische Impulse, was man am Oszillographenschirm verfolgen kann.

KRISTALL-TRIO
Große Quarzkristalle sind in diesem Granitpegmatitkristall-Aggregat (S. 25) zu sehen, außerdem schöne Kristalle von Feldspat und Glimmer, den anderen beiden Hauptbestandteilen des Granits.

Glimmer — *Feldspat* — *Quarz*

IMMER AUF ACHSE
Quarz wie dieses Kristallaggregat aus Cornwall, Südwestengland, kristallisiert meist in sechsseitigen Prismen mit Rhomboederendungen (S. 12-13). Die Achse zeigt nur dreizählige Symmetrie. An vielen Kristallen wachsen die Flächen in verschiedenen Mustern.

Hexagonaler, prismatischer Kristall

Quarz — *Gold*

ÜBERFLÜSSIGE GÄNGE
Viele Quarzadern tragen metallische Minerallager (S. 24). Dieser Quarz aus der St. Davids-Mine in Wales enthält Gold. Quarz und Gold wurden durch hydrothermale (= heiße, wäßrige) Lösungen dort abgelagert. Im Bergbau gilt Quarz als unerwünschtes Mineral, als „Gangart".

"Links-Quarz" kleine Kristallfläche

„Rechts-Quarz"-Kristall

„Links-Quarz"-Kristall

Magische Kräfte

Das Heilen mit Steinen ist eine alte Kunst. Man meint, das elektromagnetische Feld des Körpers, die Aura, sauge die Strahlung der Kristalle und Steine auf. Der Empfänger wird sich dann der geistigen und emotionalen Ursachen seiner Krankheit bewußt und gesundet.

RECHTS ODER LINKS
In einem Quarzkristall verbinden sich Silizium- und Sauerstoffatome zu einem Tetraeder (einer vierseitigen Dreieckspyramide). Aus diesen Tetraedern bildet sich eine Spirale, die nach links oder rechts laufen kann. Diese Struktur verursacht die Piezoelektrizität des Quarzes.

KLARER FALL
Bergkristalle wie aus diesem Aggregat aus den USA werden wegen ihrer Schönheit und Klarheit hoch geschätzt und daher zum Heilen verwendet.

Das Kristallpendel soll den Heilungsprozeß fördern.

ALPENARCHITEKTUR
In den Alpen finden sich solche schönen Rauchquarzaggregate in verzerrter Form. Diesen Kristallbaufehler nennt man Gwindel.

HEILKRÄFTE
Katrina Raphaell, die Gründerin der Crystal Academy in Taos, New Mexico, führt eine Heilung vor. Sie hat dem Patienten Steine und Kristalle an wichtigen Nervenpunkten aufgelegt.

Piezoelektrizität

1880 entdeckten die Brüder Pierre und Jaques Curie, daß man durch Druck auf einen Quarzkristall positive und negative Ladungen im Kristall erzeugen kann. Später stellte sich heraus, daß der Kristall in einem elektrischen Wechselfeld in Schwingung gerät. So ein Schwingquarz wird zur Kontrolle von Radiowellen und in Quarzuhren verwendet (Quarzsteuerung).

Jacques und Pierre Curie mit ihren Eltern

KUNSTPRODUKT
Um der steigenden Nachfrage nach reinen, makellosen Quarzkristallen gerecht zu werden, stellt man sie künstlich her (S. 26).

STIMMT GENAU
Eine hauchdünne Quarzkristallscheibe (hier stark vergrößert) sorgt für den genauen Gang einer Quarzuhr.

Quarzkristallscheibe

SCHWUNGVOLL
Die Kristallscheibe einer Quarzuhr schwingt pro Sekunde über 30.000mal. Durch die gleichmäßigen Schwingungen geht die Uhr sehr genau.

Quarz

Quarz ist Siliziumdioxid. Es kommt in einzelnen Kristallen oder als feinkörniges Mineral in vielen Formen, Mustern und Farben vor. Unter idealen Bedingungen wachsen Riesenkristalle, besonders in Brasilien. Der bislang größte Bergkristall war 6 m lang und wog über 48 t. Auch aus Madagaskar, den USA und den Schweizer Alpen kommt schöner Quarz. Quarz ist spröde und nicht spaltbar (S. 15), daher ideal für die Schmucksteinverarbeitung. Der Name Quarz bezeichnet meist einzelne Kristalle oder derbe Aggregate, der feinkörnige Typ heißt Chalzedon oder Jaspis.

QUARZKRISTALL
Kristallsystem: trigonal; Härte: 7; Dichte: 2,65.

SAND UND STAUB
Quarz ist ein Hauptbestandteil von Sand und Staub in der Luft. Daher kann Staub Steine mit einer Härte von 6 oder weniger (S. 18-19) ritzen.

Von A(methyst) bis Z(itrin)

Die bekanntesten Einkristalle bei Quarz sind farbloser Bergkristall, violetter Amethyst, Rosenquarz, Rauchquarz und gelber Zitrin. Diese transparenten Kristalle lassen sich dank ihrer Größe zu Schmucksteinen verarbeiten.

***BACCHUS* VON CARAVAGGIO**
Nach einem französischen Gedicht aus dem 16. Jh. beschloß der Weingott Bacchus in einem Zornesausbruch, den ersten Menschen, der ihm begegnete, den Tigern zum Fraß vorzuwerfen. Das war die Jungfrau Amethyst. Zur Rettung verwandelte sie die Göttin Diana in einen weißen Stein. Voll Reue goß der Gott Wein über den Stein, um Diana zu versöhnen. Seitdem ist der Amethyst purpurrot.

IN ADERN UND NESTERN
Die schönsten Amethyste - von allen Quarzen am begehrtesten - kommen aus dem Ural, aus Brasilien, Uruguay und Indien. In der UdSSR finden sie sich als Adern in Granit, in den anderen Ländern treten sie als Geoden (S. 7 u. 62) in Basalt auf.

Amethyst *Achat*
Granat
Perle
Aquamarin
Achat *Amazonit*

KONKURRENZLOS SCHÖN
ist diese Schatulle aus dem 19. Jh. Ein Granat (S. 44), ein Amazonit, zwei Perlen (S. 55), zwei Achate und drei Amethyste umgeben einen Zitrin von erlesener Schönheit.

ROSE MIT STERN
Einkristalle sind beim Rosenquarz selten. Bevorzugt wird der Cabochonschliff (S. 59) oder die Verarbeitung zu Perlen. Manchmal sind Sternformen zu erkennen.

SCHÖN BUNT
Farbloser Bergkristall ist reines Quarz, die anderen Farben entstehen durch Verunreinigungen. Amethyst und Zitrin enthalten Eisen, Rosenquarz Titan und Eisen, Aluminium färbt den Rauchquarz.

Dicht

sind viele Quarzarten, die sich aus winzigen Körnern oder Fasern zusammensetzen. Chalzedon - wie Karneol, Chrysopras und Achat - und Jaspis unterscheiden sich durch unterschiedliche Anordnung dieser Körner. Tiger- und Falkenaugen entstehen, wenn kleinste Asbestfasern von Quarz- und Eisenoxiden verdrängt werden.

ACHAT
In Chalzedon liegen die Körner in Schichten, deren Aufbau in den verschiedenfarbigen Achatschichten klar erkennbar ist. In diesem Fall kristallisierten sie nacheinander auf die Mitte eines Lavahohlraums zu.

Hier trat eine Quarzlösung in den Lavahohlraum.

Achatbänder

VOM ASBEST ZUR BESTIE
Diese Tigeraugenader enthielt ursprünglich seidige blaue Asbestkristalle. Diese lösten sich auf und wurden durch Einlagerungen von Quarz und Eisenoxiden ersetzt. Der Quarz ahmte die Struktur der Asbestfasern nach, was die Reflexionserscheinung, das „Katzenauge", hervorrief.

Poliertes Tigerauge mit Katzenaugeneffekt

Der Namensgeber des Tigerauges

Karneolader

Bergkristall

EINE SCHÖNHEITSKUR
in Form von Wärmebehandlung macht viele Karneole erst zu dem, was sie sind. Durch die Hitze werden in weniger attraktiven Chalzedonen eisenhaltige Mineralien in Eisenoxide umgewandelt. Dadurch entsteht das begehrte Orangerot der Karneole.

KUNTERBUNT
Die verfilzten Quarzkristalle im Jaspis verteilen sich unregelmäßig und vermischen sich mit farbigen Verunreinigungen. Der Stein ist opak.

CHRYSOPRAS
nennt man die besonders kostbare, lebhaft grüne Chalzedonart. Schon in vorgeschichtlicher Zeit fand er als Schmuckstein Verwendung. Die beste Qualität liefert Australien.

In Gold gefaßte Chrysopras-Kamee

Diamant

DIAMANT
Kristallsystem: kubisch; Härte 10; Dichte: 3,5

Seinen Namen verdankt der Diamant seiner extremen Härte. *Adamas* bedeutet im Griechischen „unbezwingbar". Diamant ist reiner Kohlenstoff und hat eine stark vernetzte Kristallstruktur (S. 14). Dieses härteste aller Minerale entstand 200 km tief in der Erde und kann bis zu 3000 Millionen Jahre alt sein. Vor über 2000 Jahren entdeckte man Diamanten, vorwiegend in indischen Flußkiesen. Ab 1725 wurde Brasilien zum Hauptlieferland, bis 1870 Südafrika die Produktion steigerte. Heute gewinnen etwa 20 Länder Diamanten. Australien liefert ein Viertel der Weltmenge, vor allem für Industriezwecke (S. 29). Der Diamant besitzt großen Glanz (Lüster) und lebhaftes Feuer. Am besten bringt der Brillantschliff (S. 58) diese Eigenschaften zur Geltung.

BLAUGRUND nennt sich dieser vulkanische Stein, in den der Diamant eingebettet liegt, oder Kimberlit, da er aus Kimberley in Südafrika stammt.

Minendiamanten

Alluvialdiamanten

UNGESCHLIFFENE DIAMANTEN
Rohdiamanten aus Kimberlit weisen oft schon den Diamantglanz auf. Steine aus Flußkies können dagegen stumpf aussehen, vermutlich durch starke Beanspruchung im Wasser.

DIAMANTENRENNEN
1925 entdeckte man reiche alluviale Lagerstätten (Aufschwemmungen) in Lichtenburg, Südafrika. Die Regierung wollte die Claims (Schürfrechte für ein abgegrenztes Gebiet) bei einem Wettrennen vergeben. Am 20. August 1926 rannten 10.000 Menschen 200 m weit um die Wette, um ihre Claims abzustecken.

Diamanten

WER FINDET DIE DIAMANTEN?
Flußkiese mit Diamanten sind die Folge eines natürlichen Ausleseprozesses. Beschädigte Steine brechen und verwittern leichter. Die harten Diamanten im Kies haben daher größtenteils Edelsteinqualität.

REGENT
Napoleon glaubte, der Regent-Diamant an seinem Schwert mache ihn unbesiegbar in der Schlacht. Dieses Bild zeigt Napoleon als Konsul.

STEINREICH
Ein Konglomerat besteht aus verschieden großen, wassergerundeten Kiesen und Mineralkörnern, also Ablagerungsgesteinen. Dieses Konglomeratgestein von der Westküste Südafrikas ist besonders diamantenreich.

INDISCHER DIAMANT
Dieser Rohdiamant aus der indischen Stadt Haiderabad sitzt auf einem sandigen Konglomerat. Viele berühmte Diamanten kommen aus dieser Gegend, so auch der Koh-i-Noor und der Regent.

IM TAL DER DIAMANTEN
strandete Sinbad der Seefahrer auf einer seiner Reisen. Schlangen bewachten die Diamanten im Tal. Als ein Diamantensucher Fleisch ins Tal warf, holte ein Greifvogel, wie vom Schatzsucher beabsichtigt, das Stück herauf. Doch am Fleisch hingen nicht nur Diamanten, sondern auch Sindbad!

SCHMETTERLINGSBROSCHE
Diese Brosche ist mit über 150 Diamanten besetzt.

IHR BESTER FREUND
In dem Film *Blondinen bevorzugt* sang Marilyn Monroe „Diamonds are a girl's best friend". Dazu passend trug sie einen gelben Diamanten, den „Mond von Baroda".

LOHN EINES GEOLOGEN
1867 schenkte Zar Alexander II. diese diamantenbesetzte goldene Schnupftabakdose mit seinem Portrait dem Vizepräsidenten der *British Geological Survey*, Sir Roderick Murchison, in Anerkennung seiner Verdienste um die russische Geologie.

PHANTASIEPREISE
erzielen Diamanten in allen möglichen Farbschattierungen (S. 16). Die schönsten heißen Phantasiediamanten und erzielen entsprechende Preise. Wirklich farblose Steine sind rar.

Berühmte Diamanten
Hoch geschätzt sind Diamanten von außerordentlicher Schönheit und Seltenheit. Manche haben eine lange Geschichte, andere sind sagenumwoben. Meist gehören sie reichen, berühmten Leuten.

EINEN STEIN IM BRETT
hatte die Mätresse Agnès Sorel bei Karl VII. von Frankreich. Als erste Bürgerliche brach sie ein Gesetz Ludwigs IX. aus dem 13.Jh. Danach waren Diamanten dem Adel und dem König vorbehalten.

KRONJUWEL
Der Koh-i-Noor (="Lichtberg") soll der älteste große Diamant sein. Königin Viktoria bekam ihn 1850 geschenkt, vorher besaßen ihn die Großmoguln. Der Schliff war nicht sehr beeindruckend, wie hier zu sehen ist. Heute gehört der Diamant mit neuem Schliff (S. 58) zu den britischen Kronjuwelen.

DER KÖNIG DER DIAMANTEN
Den Cullinan-Kristall, hier eine Nachbildung in voller Größe, fand man 1905 in der Premier-Mine in Südafrika. Mit 3106 Karat war er der größte Diamant aller Zeiten. 1908 schliff man daraus 9 große und 96 kleinere Steine. Die beiden größten, Cullinan I und II, gehören zum britischen Kronschatz (S. 46).

VERFLUCHT
Der blaue Hope-Diamant soll Unglück bringen. Heute wird der 45,52-Karäter in der *Smithsonian Institution* in den USA aufbewahrt.

Rubin oder Saphir

KORUND
Kristallsystem: trigonal; Härte: 9; Dichte: 3,96–4,05.

Rubin und Saphir sind Spielarten des Korunds, eines Aluminiumoxids. Rote Steine heißen Rubine, blaue nennt man Saphire. Es gibt aber auch andere Farbvarianten, z.B. gelbe und rosafarbene Saphire. Korund ist nach dem Diamanten das härteste Mineral, also sehr widerstandsfähig. Er besitzt einen starken Pleochroismus; das bedeutet: die Farbe ändert sich je nach Lichteinfall, da vom eingestrahlten weißen Licht je nach Einstrahlungswinkel verschiedene Wellenlängen absorbiert werden. Die Kristalle findet man in Flußkiesen, berühmt sind die aus Myanmar, Kaschmir und Sri Lanka. Australien fördert die meisten blauen und goldenen Saphire. Andere Förderländer sind Thailand und mehrere ostafrikanische Staaten.

GEHEIME QUELLE
Wunderschöne Saphire kommen aus einem Himalayatal in Kaschmir (kaschmirblau). Sie sollen 1881 nach einem Erdrutsch entdeckt worden sein.

Saphir: Zwillingskristalle

KASCHMIRBLAU
bezeichnet nicht nur die Farbe edler Saphire, die wie diese hier aus Kaschmir stammen, sondern derartig gefärbte Saphire aus aller Welt.

Saphir, mit Turmalin verwachsen

SCHNEEWEISS MIT ROSENROT
Dieser in Kalzit eingebettete Rubin kommt aus dem Mogok-Gebiet in Myanmar. Rubine in Kalzit findet man auch in Pakistan und Afghanistan.

TAUBENBLUTROT
ist die Farbbezeichnung für diese tiefrote Rubinart mit Blaustich. Abgebildet ist der Ruskin-Rubin (162 Karat, Herkunftsland: Myanmar), den der Philosoph John Ruskin 1887 dem Naturgeschichtlichen Museum in London schenkte.

Abgeflachtes Prisma eines hochwertigen Rubins aus dem Mogok, Myanmar.

AUF DEM PRÜFSTAND
Dieses Foto von 1930 zeigt Rubinhändler auf dem Bazar in Mogok. Korund in Edelsteinqualität ist selten und der Rubin die wertvollste Art. Teilweise sind die Steine teurer als Diamanten gleicher Größe.

DRUCKERZEUGNIS
Saphire finden sich oft mit Spinellen im Flußkies, selten in ihrem Ausgangsgestein. Dieser Saphir aus Myanmar ist mit Spinellkristallen verwachsen. Die Kristalle bilden sich unter hohem Druck und bei hohen Temperaturen.

STERNFUNKELN
Einschlüsse von Rutilnadeln (S. 21) lassen Sterne in manchen Rubinen aufleuchten (Asterismus). Dieser 138,7-karätige Sternrubin (*Rosser Reeves*) gehört der Smithsonian Institution, USA.

KÖNIGLICHER KRUG
Dieser edelsteinbesetzte Wasserkrug aus Bergkristall von ca. 1660 wurde 1985 wiederentdeckt. In der Mitte prangt eine Rubin-Kamee mit dem Kopf Elisabeths I.

BLAUER BUDDHA
Die Buddhafigur auf dieser Nadel ist aus einem Saphirkristall geschnitzt.

Zirkon
Saphir
Zitrin
Saphir

EDLES KREUZ
Dieses Silberkreuz ist mit sechs Saphiren, einem tintenblauen Spinell, einem Amethyst, einem Zitrin und einem blauen Zirkon besetzt. Auf der Spitze thront ein weiterer Saphir.

Saphir

BUNTE VIELFALT
Reiner Korund ist farblos, doch Spuren von Chrom färben ihn rot, von Eisen gelb und grün, von Eisen mit Titan blau.

HART WIE STEIN
Naturkorund ist kein Edelstein. Er ist opak und grau oder braun wie dieser Kristall aus Madagaskar. Aufgrund seiner Härte ist er ideal für Industriewerkzeuge und die Bearbeitung weicherer Steine.

SCHLEIFSTEIN
Mit Schmirgel, einem kleinkörnigen Gemenge aus Korund, Hämatit und Magnetit, wird im Mittelmeerraum seit Jahrtausenden geschmirgelt. Der Name leitet sich von der Stadt Smyrna (Izmir) ab. Fundort des abgebildeten Steins: Ikaria.

PFAUENTHRON
Der legendäre Pfauenthron des indischen Großmoguls Schahdschahan (1627-1658) war mit Hunderten von Edelsteinen besetzt, darunter 108 Rubinen.

Beryll

Berylle sind wegen ihrer schönen Farben und ihrer Robustheit sehr beliebt. Am bekanntesten sind die Smaragde (grün) und Aquamarine (blaugrün). Gelben Beryll nennt man Heliodor („Sonnengabe"), rosafarbenen Morganit. Aquamarine und Heliodore waren bereits in vorgeschichtlicher Zeit bekannt. Von „Beryll" leitet sich das Wort „Brille" ab: im Mittelalter bezeichnete man durchsichtiges Glas als Beryll. Beryll findet sich in Pegmatiten (S. 25) und Graniten. In seiner dichten, opaken und unedlen Form kommt er in tonnenschweren Kristallen vor. Den Rekord hält ein Kristall aus Madagaskar mit 36 Tonnen und 18 m Länge.

BERYLLKRISTALL
Kristallsystem: hexagonal; Härte: 7,5; Dichte: 2,63-2,91.

REICHE BEUTE
Die von den kolumbianischen Chibcha-Indianern geschürften Smaragde wurden bei den Inkas in Peru und den Azteken in Mexiko gehandelt. Anfang des 16. Jh. entdeckten sie die Spanier bei den Azteken und forschten nach der Quelle. Erst 1537 fanden sie die Chovor-Mine. Die Smaragde für den spanischen Hof stammen aus dem Schatz der Inkas.

ZU GAST
Smaragde findet man oft in Glimmerschiefer. Seit Anfang des 19. Jh. sind die Vorkommen im Ural bekannt. Viele Kristalle haben Einschlüsse von Glimmer und Amphibolen (S. 21), dem gleichen Material wie das Wirtsgestein.

SMARAGD UND STERBEN
Die schönsten Smaragde kommen aus Muzo und Chivor in Kolumbien. Viele werden illegal geschürft und ausgeführt, oft gibt es sogar Mord und Totschlag.

Stich von 1870: Sträflinge in den kolumbianischen Smaragdminen

DIE MINEN DER KLEOPATRA
Seit 1500 v.Chr. schürfte man in Ägypten, um das Rote Meer, Smaragde. 1816 entdeckte der französiche Abenteurer Cailliaud die Minen der Königin Kleopatra neu, doch das Schürfen lohnte sich nicht mehr. Hier ein Foto von 1900.

FEINSCHLIFF
Dieser außergewöhnlich schöne, 911-karätige, geschliffene Aquamarin ist im Besitz der *Smithsonian Institution*.

ZWEITE WAHL
In Ägypten gibt es einige wenige Smaragde in Granit, Schiefer und Serpentin. Sie sind meist blaugrün mit vielen Einschlüssen und nicht mit der kolumbianischen Qualität zu vergleichen.

METALLFARBEN
Reiner Beryll ist farblos. Spuren von Fremdmetallen erzeugen die prächtigen Farben. Mangan erzeugt Rot und Rosa, Eisen Blau und Gelb, Chrom oder Vanadin das herrliche Smaragdgrün.

MEERGRÜN
Aquamarin bedeutet „Meerwasser" und beschreibt genau die Farbe. Die Skala reicht von Blaßgrün bis Blau, je nach Eisengehalt. Brasilien ist Hauptförderland.

Morganit

Heliodor

AUF DEM TROCKENEN
sitzt der äußerst seltene rote Beryll im trockenen Vulkangestein im Westen der USA. Als einziger Naturberyll hat er kein Wasser in seiner Kristallstruktur. Dieses Exemplar stammt aus Utah.

Turmalineinschlüsse

BUNT GEMISCHT
Dieser große Beryllkristall setzt sich aus Schichten von Morganit und Heliodor zusammen. Es kommt aus Brasilien, doch auch in Kalifornien, Madagaskar und Pakistan finden sich solche Zonenkristalle.

TODBRINGEND
Dieser Dolch aus dem 18.Jh. ist im Topkapi-Museumspalast in Istanbul zu bewundern. Drei Smaragde zieren das Heft, ein vierter den Deckel der Miniaturuhr im Knauf.

Opal

OPAL
Kristallsystem: amorph oder schwach kristallin; Härte 5,5-6,5; Dichte 1,98-2,25.

Zur Römerzeit galt der Opal als Symbol der Macht, doch seither schrieb man ihm immer wieder auch unheilvolle Kräfte zu. Vor über 500 Jahren schürften die Azteken Feueropale. Auch heute kommen noch viele Opale aus Mittelamerika. Australien ist das Hauptförderland von Edelopalen (hell) und Schwarzen Opalen. Opal ist einer der wenigen nichtkristallinen Edelsteine. Er bricht und splittert bei Druck oder Temperaturschwankungen sehr leicht. Durch Cabochonschliff kommt das Farbenspiel (Opalisieren) besonders gut zur Geltung. Mexikanische Feueropale erhalten meist einen Brillant- oder Treppenschliff (S. 58).

RÖMERFUND
Schon die Römer bauten in der Tschechoslowakei Edelopal ab. Von dort stammt auch dieses Exemplar.

DIE PEST VON VENEDIG
stellt dieser Auszug aus einem Gemälde von Antonio Zanchi dar (14.Jh.). Die Venezianer glaubten, ein Opal leuchte beim Erkranken seines Trägers und trübe sich bei seinem Tod. Das verstärkte seinen Ruf als Unglücksbringer.

GLANZLOS
Der Gemeine Opal hat kein Farbenspiel, wird aber gern zu Schmuck verarbeitet. Dieses rosafarbene Exemplar kommt aus Frankreich.

BLITZLICHTGEWITTER
Der schönste Schwarze Opal kommt aus Lightning Ridge, Australien. Die Farbblitze wirken auf dem dunklen Hintergrund besonders reizvoll. Schwarze Opale sind seltener und damit auch wertvoller als Edelopale.

AUSTRALIENS STOLZ
Alle großen australischen Opallager befinden sich in Sedimentgesteinen. Berühmt sind die Minen von White Cliffs, Lightning Ridge und Coober Pedy. Beliebt ist die Opalverarbeitung zu Dubletten oder Tripletten (S. 56).

GLASKLAR
Farbloser, wasserklarer Opal (Hyalit) bildet sich in Hohlräumen vulkanischen Gesteins. Dieser stammt aus Böhmen. Ein ähnlicher Stein mit Farbenspiel heißt Wasseropal. Hydrophan ist durch Wasserverlust getrübt, erhält in Wasser aber neuen Glanz und wird wieder durchsichtig.

Das Foto zeigt die mikroskopische Struktur des Opals.

SCHWARZ ODER WEISS
Edelopale schillern in verschiedenen Farben, je nach Größe der Siliziumdioxidteilchen in ihrer Struktur. Opale mit grauer, blauer oder schwarzer Hintergrundfarbe nennt man schwarz, die anderen weiß.

FEURIG
Mexiko ist berühmt für seine Feueropale, durchscheinende gelbe, orangefarbene oder rote Steine.

LANDKARTE
Broschen mit dem Umriß Australiens sollen die Eroberung des Weltmarktes durch den australischen Opal feiern. Diese wurde um 1875 angefertigt.

HÖHLENMENSCHEN
Die australischen Opale werden in einer sehr heißen Gegend geschürft. Wenn die Minen erschöpft sind, bieten die Stollen in der Nähe der Erdoberfläche angenehm kühlen Wohnraum.

Opal-Kamee *Amor und Psyche* (Naturhistorisches Museum, London)

EDELFOSSIL
Opal kann Holz, Knochen oder Kalkschalen urzeitlicher Lebewesen im Laufe der Fossilwerdung ersetzen (opalisieren). Hier wurde ein Stück Holz aus Nevada von Gemeinem und Edelopal ersetzt (Holzstein oder Holzopal).

EIN HÜBSCHER BATZEN
Bolderopal ist eine Mischung aus Ton-Eisenstein mit Schichten von Edelopal. Je höher der Eisenanteil, desto dunkler wird die braune Farbe. Aus Bolderopal lassen sich hübsche Kameen schnitzen.

Edelopal   *Gemeiner Opal*

"OPAL-ANANAS"
nennen die Australier solche Formen im Volksmund. Dieses Aggregat radialstrahliger Glauberitkristalle ist völlig durch Edelopal ersetzt worden.

ZÜGELLOS
In Verruf geriet der Opal unter Ludwig XIV. Der Sonnenkönig gab seinen Karossen den Namen von Edelsteinen. Der Kutscher von *Opal* war meist betrunken, so daß diese Kutsche vom Unglück verfolgt schien. Dieses Gemälde von van der Meulen zeigt den König mit Maria Theresia in Arras.

Andere Schmucksteine

Schön, unvergänglich und selten soll ein Schmuckstein sein – wie Diamanten, Saphire, Rubine, Smaragde, Aquamarin, Turmalin, Topas und Edelopal. Aber auch Quarz, Granat, Peridot und viele andere Steine findet man beim Juwelier. Kunzit, Titanit und Flußspat sind zu weich oder zu selten. Sie werden nur als Liebhaberstücke geschliffen.

WUNDERSTEINE
„Perlenfischen und Türkissammeln" aus dem *Buch der Wunder* von Marco Polo

Topas

Das Mineral, das wir als Topas kennen, trägt diesen Namen erst seit dem 18. Jh. Der Name leitet sich vom griechischen *Topazos* ab, dem antiken Namen der Insel Seberget im Roten Meer. Dort findet man allerdings Peridot, einen anderen Edelstein.

TOPASKRISTALL
Kristallsystem: orthorhombisch; Härte: 8; Dichte: 3,52-3,56

BERÜHMT
für seine schönen Topase ist Brasilien. Von dort kommt dieser blaßblaue Kristall. Andere Förderländer sind Mexiko, die USA, Sri Lanka, Japan, die UdSSR und Nigeria.

Spaltfläche

SCHUTZBEDÜRFTIG
Topas ist trotz seiner Härte leicht zerbrechlich, da er eine Spaltungsrichtung mit vollkommenem Bruch hat (S. 15). Dieser Kristall zeigt deutlich eine Spaltfläche. Bei der Schmuckverarbeitung ist daher auf eine stoßunempfindliche Fassung zu achten.

VOM FEINSTEN
Aus dem Ouro-Preto-Gebiet in Brasilien stammen die schönsten goldenen Topaskristalle. Die keilförmigen Prismen sind typisch. Die Farbskala kann von Goldbraun bis Rosa reichen.

WAS BIN ICH?
„Kiesel in einem Bachgeriesel" sind nicht immer das, was ihr Aussehen verspricht. Topase haben eine ähnliche Dichte wie Diamanten und werden oft mit ihnen verwechselt.

WASSERFARBEN
Topas ist ein Aluminiumsilikat mit 20% Wasser und Fluor. Kristalle mit höherem Wasser- als Fluoranteil sind goldbraun, seltener rosafarben; im umgekehrten Fall sind die Kristalle blau oder farblos.

"BRASILIANISCHE PRINZESSIN" heißt dieser 1977 geschliffene, 21.327-karätige Topas. Der bislang größte geschliffene Stein hat 36.853 Karat.

Turmalin

Turmaline kristallisieren als Prisma mit flachen oder keilförmigen Endungen. Jeder Kristall hat an jedem Ende eine andere Struktur, manchmal unterscheiden sie sich in der Farbe. Erwärmt man einen Kristall, lädt sich das eine Ende positiv, das andere negativ auf. Das macht den Turmalin zu einem richtigen Staubfänger.

TURMALIN-KRISTALL
Kristallsystem: trigonal; Härte: 7-7,5; Dichte: 3-3,25

MEDIZIN ODER MINERAL?
Der viktorianische Philosoph John Ruskin (hier auf einem Foto von 1885) schrieb: „Die Chemie des Turmalins mutet eher an wie ein Arztrezept aus dem Mittelalter als die Formel eines Minerals!"

DASSELBE IN GRÜN
Der Turmalin zeigt Pleochroismus (S. 40), er zeigt beim Betrachten aus unterschiedlichem Winkel verschiedene Farben. Auf dem Bild erkennt man die Farben Grün und Schwarz.

SECHSECKRAHMEN
Dieser Querschnitt durch ein Turmalinprisma zeigt die typische dreizählige Symmetrie und Dreiecksform. Die Farbzonen verdeutlichen, wie sich der Kristall schichtweise aufgebaut hat, jede Schicht stammt aus einer anderen Kristallisationsphase. Die Schlußphase bildete hier einen hexagonalen „Rahmen".

Die Ringe in manchen Kristallen gleichen Jahresringen in Bäumen.

ENGE NACHBARSCHAFT
Diese Verbindung von Turmalin und Quarz ist ungewöhnlich. Das rosafarbene Prisma kristallisierte zuerst, dann bildete der Turmalin grüne Begrenzungen.

Turmalinkristall

GRANITBETT
In Pegmatitadern (S. 25) oder Granit findet man oft Turmalin in Edelsteinqualität, so in Brasilien, der UdSSR, den USA, Ostafrika und Afghanistan.

Die Farben dieses Turmalins erinnern an eine Wassermelone.

EDLE MELONE
Die Farbpalette der Turmaline ist breiter als die aller anderen Edelsteine. Hier sieht man eine „Wassermelone" mit rosa Kernen und grünen Randzonen.

Turmalinkristall

Fortsetzung auf der nächsten Seite

Granat

GRANATKRISTALLE
Kristallsystem: kubisch; Härte: 6,5-7,5; Dichte: 3,52-4,32

Ring mit gefaßtem Granat

Granat ist die Sammelbezeichnung für eine Reihe chemisch verwandter Mineralien wie Almandin, Pyrop, Spessartin, Grossular und Andradit. Alle kommen als Edelsteine vor, besonders oft die Almandin-Pyrop-Gruppe. Hauptlieferanten sind die Tschechoslowakei, Südafrika, die USA, Australien, Brasilien und Sri Lanka. Granate gibt es aufgrund ihrer unterschiedlichen chemischen Zusammensetzung in allen Farben – außer Blau.

Geschliffener Demantoid-Granat

Geschliffener Pyrop-Granat

DEMANTOID
Smaragdgrün ist der kostbarste Granat. Die schönsten Steine kommen aus dem Uralgebirge.

FEUERAUGE
Der tiefrote Pyrop war im 19. Jahrhundert beliebt. Die meisten Steine kamen aus Böhmen.

Spessartin-Cabochon

SPESSARTIN
Mangan färbt Spessartinkristalle orange. Spessartin findet man selten in Edelsteinqualität und daher auch nur selten als Schmuck.

KERNIG
Pomum granatum nannten die Römer den Granatapfel, „gekörntes Obst". Die Edelsteine der Almandin-Pyrop-Gruppe haben die gleiche Farbe.

KARFUNKELSTEIN
Almandin kristallisiert meist in Ikositetraedern (Zwanzigflächnern). Bevorzugt wird hier der Cabochonschliff mit geschlägelter (ausgehöhlter) Unterseite zur Aufhellung der sehr dunklen Farbe.

ANDRADIT
Andradit kommt selten in Edelsteinqualität vor. Ausnahmen sind der grüne Demantoid, der gelbe Topazolith und dieser schwarze Melanit, früher beliebt als Schmuck bei Trauerfällen.

VERSUNKENE SCHÄTZE
Bei Sutton Hoo im englischen Suffolk fand man in einem angelsächsischen Begräbnisschiff (7. Jh.) viele granatbesetzte Stücke, darunter diesen Börsendeckel. Seine Qualität läßt auf einen Besitzer von hohem Rang schließen.

Geschliffene Grossulargranate

FARBSPUREN
Spuren von Vanadin geben dem Grossular eine leuchtend grüne, Eisen eine gelbe oder rote Farbe. Die rote Abart ist auch als Hessonit bekannt.

STACHELBEERE
heißt lateinisch *ribes grossularia*. Davon leitet sich der Name Grossular ab. Dieser rosafarbene Stein aus Mexiko zeigt die Dodekaederform, die häufigste Kristallgestalt der Granate.

PERIDOTKRISTALL
Kristallsystem: orthorhombisch; Härte: 6,5; Dichte 3,22-3,40

Peridot

Peridot nennt man Olivinminerale in Edelsteinqualität. Olivin ist ein Magnesium- und Eisensilikat, das häufig in vulkanischem Gestein vorkommt.

Stein mit hohem Olivingehalt

Lava

INSULANER
Peridot verwächst meist mit anderen Mineralien. Die Insel Seberget im Roten Meer ist einer der wenigen Orte, wo man den grünen Stein als Idealkristall findet.

Geschliffener Peridot aus Arizona

Geschliffener Peridot aus Norwegen

Geschliffener Peridot aus Myanmar

PERIDOTLIEFERANTEN
Die größten Peridote kommen von Seberget und aus Myanmar, schöne Steine liefern aber auch Arizona, Hawaii und Norwegen.

Peridotring

VULKANBOMBE
Dieses Stück erstarrter Lava enthält Bruchstücke olivinhaltigen Gesteins. Die Lava wurde mit dem Gestein als sogenannte „Bombe" durch einen Vulkan aus der Tiefe emporgeschleudert.

NAMENSWECHSEL
Seit uralten Zeiten gibt es auf der Insel Seberget Peridotminen. Die Griechen der Antike nannten diesen Stein *topazion* nach dem damaligen Namen der Insel, Topazos (S. 42).

Mondstein

Mondstein ist der bekannteste Kalifeldspat, Edelsteinqualität ist aber selten. Beim Feldspat gibt es zwei Hauptgruppen: Kalifeldspat mit den Mondsteinen und Kalknatronfeldspat mit den Sonnensteinen. Die Härte beträgt 6-6,5, die Dichte 2,56-2,76.

SONNENSTEIN
verdankt seinen Namen den glitzernden und schillernden ein-gelagerten dunkelroten Hämatitschüppchen.

Sonne und Mond - passende Namen für diese Steine

BLAUER MOND
Silbrig oder bläulich schimmern die meisten Mondsteine, auch stahlgraue, rosa-orangefarbene, gelbe oder blaß-grüne Abarten kommen vor. Die grauen Steine weisen oft schöne Katzen-augen auf (S. 59).

MONDGLANZ
Dieser große Mondstein aus Myanmar zeigt einen wogenden Lichtschimmer. Mondsteine finden sich oft in Pegmatiten (S. 25), auch in den Flußkiesen Sri Lankas und Indiens.

Nadel mit Sonnenstein

Gefaßter Mondstein

45   *Fortsetzung auf der nächsten Seite*

Fortsetzung von Seite 45

Spinell

Die schönen roten und blauen Spinelle nehmen es durchaus mit Rubinen und Saphiren auf. Bis ins 19. Jahrhundert nannte man sie Balasrubine, was zu Verwechslungen führte. Der Forscher Romé de l'Isle (S. 12) unterschied als erster zwischen dem echten Rubin und dem Spinell. Balas leitet sich vielleicht vom Ortsnamen Balascia (heute Badakhschan, Afghanistan) ab.

FÜRSTLICHE BELOHNUNG
Der Schwarze Prinz, Sohn Eduards III. von England, half dem Kastilierkönig Pedro dem Grausamen 1367 in einer Schlacht. Zum Dank erhielt er einen Balasrubin, der jetzt die englische Krone ziert.

SPINELLKRISTALL
Kristallsystem: kubisch; Härte: 8; Dichte: 3,5–3,7

POLIERT
Durch Polieren wurden Makel auf der Oberfläche beseitigt, die ursprüngliche Oktaederform blieb erhalten.

LEICHT VERZERRT
In der Regel kristallisieren Spinelle als Oktaeder. Dieses Aggregat besteht aus flachen kleinen Durchkreuzungszwillingen, die Spinellkristalle wachsen parallel in verzerrten Achtflächnern.

„Rubin" des Schwarzen Prinzen

Der Cullinan-II-Diamant

UMGESTALTUNG
Die Oktaeder dieses blauen Spinells vom Baikalsee liegen eingebettet in eine Grundmasse weißen Kalzits und glänzenden Muskovitglimmers. Vermutlich war dies ursprünglich ein verunreinigter Kalkstein, der sich unter Druck und bei mäßiger Temperatur völlig veränderte, d.h. neu kristallisierte.

STAATSTRAGEND
Der „Rubin" des Schwarzen Prinzen in der britischen Reichskrone ist ein 170karätiger Spinell, ein Balasrubin. Unter ihm prangt ein anderer berühmter Stein, der Diamant Cullinan II (S. 35). Bei dem Timur-Rubin Königin Elisabeths II. handelt es sich auch um einen Spinell.

FAST UNBERÜHRT
Diese Steinchen stammen aus Flußkiesen von Sri Lanka und Myanmar. Sie sehen nicht sehr abgenutzt aus – ein Zeichen, daß sie keine weite Reise hinter sich haben.

DORNENREICH
Diese herrlichen Kristalloktaeder aus Bodenmais im Bayrischen Wald sind aus Gahnit, einer zinkreichen Spinellart. Sie weisen die charakteristischen Dreieckskristallflächen des Spinells auf. Der Name Spinell leitet sich wahrscheinlich vom lateinischen *spina* (=Dorn) ab.

GLITZERN·BLITZEN·FUNKELN
Reiner Spinell ist farblos. Die wunderbaren Rot- und Rosatöne sind auf Spuren von Chrom in den Kristallen zurückzuführen. Eisen- und Zinkanteile rufen Blau- und Grüntöne hervor.

Zirkon

Der Name Zirkon kommt vom persischen *zar* (Gold) und *gun* (Farbe). Seit 2000 Jahren gewinnt man Zirkone in Sri Lanka, heute auch in Thailand, Australien und Brasilien. Farbloser Zirkon ähnelt dem Diamanten mit seinem lebhaften Feuer und intensiven Glanz und wird als Diamantersatz gehandelt (S. 57). Zirkon ist jedoch weicher und wirkt aufgrund von Einschlüssen und Doppelbrechung „matt" (S. 19).

Die Farbe roter Hyazinthen gab dem roten Zirkon früher den Namen Hyazinth.

NATURFARBEN
Zirkon ist ein Zirkoniumsilikat, farblos in reinem Zustand, doch mit Verunreinigungen in vielen Farben anzutreffen.

ZIRKONKRISTALL
Kristallsystem: tetragonal; Härte: 7,5; Dichte 4,6-4,7.

RADIOAKTIV
Dieser ungewöhnlich große Zirkon aus Sri Lanka besitzt die typische Farbe. Der hohe Uran- und Thoriumgehalt mancher Zirkone führt aufgrund des radioaktiven Zerfalls dieser Elemente zur Zerstörung der Kristallstruktur und macht den Stein amorph oder nichtkristallin.

WÄRME-BEHANDLUNG
Farblose, blaue und goldene Zirkone erhält man durch Erhitzen rotbrauner Kristalle. Beim Erhitzen ohne Sauerstoff erhält man blaue, mit Sauerstoff goldene Zirkone, in beiden Fällen aber auch farblose Steine. Die Farben können verblassen, durch erneute Erwärmung werden sie wieder aufgefrischt.

Naturbraune Zirkonkristalle — Wärmebehandelte blaue Zirkonkristalle

Zirkone, nach Wärmebehandlung geschliffen

Chrysoberyll

Steinhart, aber weniger hart als Diamant und Korund ist der Chrysoberyll. Eisen- oder Chrombeimengungen färben ihn gelb, grün oder braun. Es gibt drei Abarten: gelbgrüne klare Steine, Cymophane oder Katzenaugen (meist im Cabochonschliff, S. 59) und Alexandrite, die je nach Lichteinfall ihre Farbe verändern. Sri Lanka und Brasilien liefern alle drei Arten. Die schönsten Alexandrite kommen aus der UdSSR.

ZARENSTEIN
1830 entdeckte man den Alexandriten im Ural, am Geburtstag des Zaren, nach dem er benannt wurde. Er leuchtet in den kaiserlich-russischen Farben – bei Tageslicht tiefgrün, bei künstlichem Licht rot.

Geschliffener gelber Chrysoberyll

Geschliffener Alexandrit

POPULÄR IN PORTUGAL
Gelbgrüne Chrysoberylle fand man im 18.Jh. in Brasilien. Sie waren bei den Goldschmieden Spaniens und Portugals sehr beliebt.

CHRYSOBERYLL-KRISTALL
Kristallsystem: orthorhombisch; Härte: 8,5; Dichte: 3,68-3,78.

Objekte der Begierde

Bei über 3000 verschiedenen Mineralien sollte man meinen, daß es Schmucksteine in Hülle und Fülle gibt. Doch nur wenige dieser Mineralien sind hart, dauerhaft und selten genug, so daß nur wenige Dutzend als Edelsteine gelten. Viele Sammler suchen Raritäten, die keinem breiten Publikum zugänglich sind. Dabei legen sie Wert auf seltene Farben, ungewöhnlich große Exemplare oder geschliffene Stücke, die zur Schmuckverarbeitung zu weich und zerbrechlich sind. Zinkblende und Titanit sind zum Beispiel relativ häufig, für den ständigen Gebrauch aber zu weich. Benitoit ist zwar dauerhaft, für den Durchschnittsbürger aber unerschwinglich.

AXINIT
Diese schönen keilförmigen Kristalle aus braunem Axinit kommen aus Bourg d'Oisans, Frankreich. Sie funkeln in verschiedenen Richtungen grau und violett. Einst waren sie äußerst rar, doch man gewinnt sie zunehmend aus Gruben in Sri Lanka.

OB GOLD, OB BRAUN
Beim Titanit (Sphen) reicht die Farbskala von Goldgelb bis Smaragdgrün. Er besitzt Glanz und Feuer, ist aber für einen Schmuckstein zu weich. Die schönsten Steine kommen aus den Alpen, Myanmar und Kalifornien.

VOM GARTEN INS MUSEUM
Die ersten Stücke der großen Mineraliensammlung des Pariser Naturkundemuseums (hier ein Stich von 1636) wurden in der Apotheke und den botanischen Gärten Ludwigs XIII. zusammengetragen.

EXPERTEN
Strahler nennt man in der Schweiz Bergsteiger, die in den Alpen Kristalle suchen. Sie müssen sowohl gute Mineralogen als auch erfahrene Bergsteiger sein, um in Klüften und Schluchten Edelsteine zu finden.

TANSANIT
heißt diese blauviolette Art des Zoisits. 1967 fand man ihn in Tansania. Bemerkenswert sind sein tiefblauer, magentaroter und gelblichgrauer Glanz. Viele Kristalle sind grüngrau und erhalten durch Erhitzung ein attraktives Blau.

DANBURIT
nennt man dies Mineral nach seinem ersten Fundort, Danbury in den USA. Dort trat es in farblosen Kristallen in einem Pegmatit (S. 25) auf. Schöne gelbe Steine kommen aus Madagaskar und Myanmar, andere farblose Abarten aus Japan und Mexiko.

CORDIERIT
Cordierit in Edelsteinqualität kommt aus Sri Lanka, Myanmar, Madagaskar und Indien. Cordierit verändert seine Farbe je nach Lichteinfall von blassem gelblichem Grau bis zu tiefem Blauviolett (Pleochroismus, S. 36). Das nutzen die Wikinger beim Navigieren ihrer Großboote (S. 60), was den Kristallen den Beinamen „Wassersaphire" einbrachte.

BENITOIT
Die Farbe der Benitoitkristalle gleicht der lupenreiner Saphire. Sie zeigen ähnliches Feuer wie Diamanten, bleiben aber Sammlerobjekte aufgrund ihres Seltenheitswerts. Der einzige Fundort ist San Benito County / USA, nach welchem sie benannt sind.

Die San-Benito-Mine 1914. Links ist ein Erzeimer zu sehen.

NICHT TRAGBAR
Zinkblende oder Sphalerit ist normalerweise opak und grau bis schwarz. Rötlichbraune, gelbe und grüne Kristalle in Edelsteinqualität kommen aus Mexiko und Spanien. Trotz der schönen Farben werden sie nicht zu Schmuckzwecken verwendet, da sie zu weich sind.

Zinkblendekristalle in Grundmasse (Matrix)

Roher Zinkblendekristall

Kunzitkristall

Geschliffener blaßgrüner Spodumen

Geschliffener Kunzit

SPODUMEN
Aus Brasilien, Kalifornien und Afghanistan kommen prachtvolle Spodumenkristalle, schöne blaßgrüne oder gelbe Steine, die viele hundert Karat wiegen. Der Kunzit (nach G. F. Kunz benannt) ist rosa. Kleine Kristalle der samaragdgrünen Abart Hiddenit gibt es in North Carolina / USA und in Sri Lanka.

SCHATZHÖHLE
Die unterirdische Goldney-Grotte wurde von 1737 bis 1764 bei Bristol gebaut. Edelsteine, Korallen und andere Kostbarkeiten schmücken Wände und Säulen.

SKAPOLITH

Myanmar und Ostafrika sind die Heimat dieser pastellfarbenen Steine in Gold, Rosa, Lila, zum Teil mit Katzenaugeneffekt (S. 33).

ALTER CEYLONESE
Ursprünglich als Peridot aus Sri Lanka gehandelt, erwies sich Sinhalit 1950 als eigene Art. Das Britische Museum taufte ihn nach Sinhala, dem alten Namen für Sri Lanka.

FIBROLITH
Dieser bläulichviolette 19,84-karätige Fibrolith aus Myanmar ist eine seltene Abart des Sillimanits und eines der größten Exemplare. Andalusit besteht ebenfalls aus Aluminiumsilikat, hat aber eine andere Struktur. Die Steine verändern die Farbe je nach Lichteinfall zwischen Rot und Grün. Herrliche Stücke kommen aus Brasilien und Sri Lanka.

Geschliffener Fibrolith

Geschliffener Andalusit

George Frederick Kunz, Autor mehrerer Edelsteinbücher, war Angestellter des New Yorker Juweliers Tiffany.

Steinschneidekunst

Seit vielen tausend Jahren werden Jade, Lapislazuli, Türkis und viele andere geeignete mikrokristalline Steine und Mineralien zu Schmuck verarbeitet. Schon die alten Ägypter, Chinesen und Sumerer verarbeiteten diese drei Edelsteine. Die Indianer Südamerikas und die Maoris Neuseelands schneiden schon seit Jahrhunderten Türkis und Jade.

LANGE TRADITION
Im Südwesten der USA fertigen die Indianer schon seit vielen tausend Jahren Türkisschmuck.

MALACHIT
Obwohl das grüne, seidenmatte Kupfermineral relativ weich ist (Härte 4), wird Malachit vor allem wegen seiner meist nierenförmigen Bänderung gern zu Schmuck verarbeitet. Hauptlieferanten sind Zaire, Sambia, Australien und die UdSSR.

Türkis

Der Name Türkis leitet sich vom französischen *pierre turquoise* (=Türkenstein) ab, da man ihn früher vorwiegend über die Türkei aus Persien bezog. Türkis (D 2,6-2,9; H 5-6) kommt in Klümpchen und grünen oder blauen Adern vor. Kupferbeimengungen färben ihn blau, Eisen grün.

Weißer Kalzit

Lapislazuli

Der Lapislazuli (H 5,5; D 2,7-2,9) taucht selten als Einkristall auf. Er besteht aus blauem Lasurit mit Kalzit- und Pyritanteilen. Die tiefblaue, vorwiegend aus Lasurit bestehende Abart kommt schon seit 5000 Jahren aus Afghanistan und ist am kostbarsten. Andere Quellen sind die Sowjetunion und Chile.

PERSISCHBLAU
Der Name Lapislazuli leitet sich vom lateinischen *lapis* (Stein) und dem persischen *lazward* (blau) ab. Das Blau entsteht durch Schwefel, einen wesentlichen Bestandteil des Minerals.

NATURMOSAIK
Türkis bildet oft Mosaike, seltener taucht er als Aggregat auf. Der schönste blaue Türkis kommt aus Persien (Iran). Dort bearbeitet man ihn seit rund 6000 Jahren.

BELIEBT
Lapislazuli wird gern zu Perlen verarbeitet.

Türkis mit Gravur und Goldeinlegearbeit

TOTENKOPFMASKE
Die Azteken modellierten diese Maske um einen Menschenschädel. Sie besteht aus Türkis und Guajakholz. Vermutlich stellt sie den Kriegsgott Tezcatlipoca dar.

BLAU IN BLAU
Im Mittelalter gewann man aus zerstoßenem, gereinigtem Lapislazuli den Farbstoff Ultramarin. Auch der Künstler des Wilton Diptychons (hier ein Ausschnitt aus dem Altarbild; Nationalgalerie, London) benutzte diese Farbe.

Jade

Die spanischen Eroberer in Mexiko glaubten, mit den grünen Steinen der Indianer Nierenleiden heilen zu können. Sie nannten sie *piedras de ijada*, „Stein (gegen Schmerzen in) der Seite". Daraus entstand der Name Jade. In Europa bezeichnete man damit ähnliches Material aus China. 1863 stellte sich heraus, daß es sich um zwei verschiedene Mineralien handelt, Jadeit und Nephrit.

IM KETTENHEMD aus Jadeplättchen bestatteten die alten Chinesen ihre toten Herrscher. Sie glaubten, Jade spende Leben und verhindere den Zerfall. Dieses Gewand gehörte einer Prinzessin aus dem 2.Jh. v. Chr. Die Plättchen sind durch Gold verbunden.

FARBE BEKENNEN Myanmar ist Hauptlieferant für Jadeit (H 6,5-7; D 3,3-3,5). Wegen der unterschiedlichen Farben schneidet man zum Verkauf angebotene Stücke an, damit der Kunde die Farbe erkennen kann. Am kostbarsten ist die smaragdgrüne kaiserliche Jade.

Jadeitkugel

Nephritschnecke des berühmten russischen Juweliers Fabergé

NEPHRIT Nephrit (H 6,5; D 2,9-3,1) verdankt seine Zähigkeit der verfilzten Körnchenstruktur. Der „Grünstein" der Maoris von Neuseeland ist ein Nephrit.

DURCHS NADELÖHR Dieses Nephritkamel kommt aus China. Weiße und cremefarbene Nephrite enthalten kaum Eisen. Höherer Eisengehalt färbt die Steine aus der UdSSR, Kanada und Neuseeland spinatgrün, die südaustralische Jade schwarz.

Andere Steine

Auch viele andere Steine verwendet man wegen ihrer Farbbrillanz gern zum Schnitzen, so etwa Malachit, Serpentin, Blue John, Rhodonit, Marmor und Alabaster.

ROSENROT leuchtet der Rhodonit (von griech. *rhodon* = Rose) wegen seines Mangangehalts. Er ist beliebt für Schnitzereien und Einlegearbeiten (H 6). Herkunftsländer sind die UdSSR, Kanada und Australien.

SERPENTIN Die Maserung erinnert an Schlangenhaut. Weiche Serpentine lassen sich leicht schneiden, doch chinesische Künstler bevorzugen die gelbgrüne Abart Bowenit (H 6).

BLUE JOHN nennt sich ein violett und blaßgelb gebänderter Fluorit (S. 17) aus Derbyshire, England. Das spröde Material wird meist in Harz eingebunden und damit geschmeidiger und widerstandsfähiger.

Blue-John-Vase (18.Jh)

Edelmetalle

Gold, Silber und Platin sind kristallin, größere Einzelkristalle findet man allerdings selten. Gold und Silber werden seit über 5000 Jahren verarbeitet. Platin entdeckte man 1735 als weißes Metall bei den Chibcha-Indianern in Kolumbien. Heute ist es kostbarer als Gold und Silber. Alle drei Metalle sind relativ weich und lassen sich daher leicht bearbeiten. Sie sind nahezu unverwüstlich und besitzen eine hohe Dichte, d.h. sie sind sehr schwer.

GOLDRAUSCH
Der Drang nach Gold trieb Menschen in die unwirtlichsten Eis- und Sandwüsten. 1848 brach das Goldfieber in Kalifornien aus. Das Bild zeigt Goldwäscher (S. 25) bei der Arbeit.

SEIFENGOLD
Durch Verwitterung gelangt Gold aus dem Gestein in die Flußsande. Solcher Goldstaub läßt sich dann aus Sand und Kies auswaschen.

Gold

Gold ist der Maßstab für Reichtum. Reines Gold ist ein schweres (D 19,3), aber weiches Metall (H 2,5-3). Vor dem Schmieden wird es geläutert oder mit anderen Metallen legiert, damit es härter wird. Die Reinheit des Goldes für Schmuck mißt man in Karat, reines Gold hat 24 Karat.

DER LATROBE-NUGGET
Diesen wunderschönen kristallinen Nugget (=Goldklumpen) fand man 1855 in Gegenwart des Namensgebers Latrobe, der damals Provinzgouverneur in Victoria/Australien war. Große Nuggets sind selten.

GOLDFÜLLUNG
Größere Goldmengen findet man in hydrothermalen Adern in Verbindung mit Quarz. Diese Quarzader aus Neuseeland wird von einer hauchdünnen Schicht kristallinen Goldes durchzogen.

GOLDWERT
Der berühmte Goldene Buddha von Bangkok besteht aus 5,5 t purem Gold. Er ist fast 100 Millionen DM wert und damit das wertvollste Kultobjekt der Welt.

GOLDKÜSTE
nannte man früher Ghana. Von 1700 bis 1900 erstreckte sich hier das mächtige Reich der Aschanti mit reichen Goldvorkommen. Währung für den Binnenhandel war Goldstaub. Dieser Löwenring stammt aus dem Aschantireich.

SELTEN
In der Regel findet man Gold in fein verteilten Körnchen im Gestein, oft kann man es mit bloßem Auge gar nicht erkennen. So große Kristalle wie diese aus Simbabwe sind selten.

Platin

Man benutzt Platin als Standardgewicht, als Katalysator, für Operationsbestecke und natürlich für Schmuck. Der Name leitet sich vom spanischen *platina* (=Silberkörnchen) ab. Platin wird in Form kleiner Klümpchen oder Körnchen aus Ablagerungsgestein ausgewaschen - im Ural, in Kanada und Südafrika. Meist ist der Platingehalt im Gestein gering.

KRISTALLE des weichen Platins (H 4-4,5) sind selten. Diese würfeligen Kristalle sind aus Sierra Leone.

PLATINKRONE Die Krone der englischen Königinmutter besteht aus Platin. Sie ist Teil der britischen Kronjuwelen.

PLATINRIFF Dieses Pyroxenit stammt vom Merensky-Riff vor Südafrika, aus einer nur 30 cm dicken Schicht vulkanischen Gesteins mit ungewöhnlich hohem Platingehalt.

SELTENE GRÖSSE Mit 1,1 kg ist dieser Platinnugget aus dem Uralgebirge außergewöhnlich groß.

IM MITTELALTER waren die elsässischen Minen um Sainte Marie besonders ertragreich. Auf dieser Illustration aus einem alten Buch holen Bergleute Silbererz aus einer Mine.

Silber

Silber war im Mittelalter kostbarer als Gold. Es wurde zur Münzprägung bevorzugt und wegen seiner geringen Härte (2,5-3) gern zu Schmuck verarbeitet. Heute findet metallisches Silber Verwendung in der Elektronik, als Tafelsilber und Schmuck sowie in der Fotoindustrie (S. 63). Kristalle sind selten, kommen aber manchmal als Würfel vor.

ANGELAUFEN sind diese Silberkristall-Dendriten (S. 23) aus den Huantajaya-Minen in Chile.

SILBERDRAHT Diese drahtartigen dicken Silberkristalle mit den weißen Quarz- und Kalzitkristallen stammen aus den berühmten Silberlagern von Kongsberg, Norwegen.

ZUGABE Silber ist meist ein Nebenprodukt bei der Verhüttung von Kupfer und Bleiglanz. Diese schönen Bleiglanzkristalle kommen aus den Silberminen von Tipperary in Irland.

Von Tieren und Pflanzen

Schmuckmaterial tierischen oder pflanzlichen Ursprungs wie Bernstein, Jett oder Gagat (eine Steinkohlenart), Korallen, Perlen, Muschelschalen und Schneckengehäuse nennt man organisch. Diese Materialien sind nicht so hart (bis H 4) und schwer (Bernstein: D 1,04; Perlen: D 2,73) wie Edelsteine, werden aber wegen ihrer Schönheit seit Jahrtausenden geschätzt. Bernsteinketten fand man in Gräbern aus der Zeit um 2000 v.Chr. Perlen gelten als Symbole der Schönheit und Reinheit. Julius Cäsar soll für eine einzige Perle den Gegenwert von 450.000 DM bezahlt haben.

URZEITZEUGEN
Im Jura, vor 160 Millionen Jahren, lebten die Dinosaurier unter diesen Bäumen, aus denen Bernstein und Jett hervorgingen.

Jett und Bernstein

In Jahrmillionen entwickelte sich Jett, ähnlich wie Kohle, aus verrotteten, zusammengepreßten Bäumen zu einem feinkörnigen, schwarzen Stein. Bernstein ist fossiles Harz von Nadelbäumen der Kreidezeit (vor 300 Millionen Jahren).

GAGAT
Die Versteinerungen längst ausgestorbener Tiere verraten die Herkunft dieses Jetts. Anders als Kohle ist Jett (= Gagat) hart und zäh und läßt sich polieren.

Fossiler Ammonit

WEIT GEREIST
Die Süd- und Ostküste der Ostsee sind die Hauptfundstellen von Bernstein. Wegen seiner geringen Dichte wird Bernstein vom Meer weit verdriftet, wie dieses Stück von der englischen Ostküste.

Korallen

Korallen sind Kalkskelette, gebildet von Kolonien von Hohltieren, die in warmen Gewässern leben. Unterschiedliche Wachstumsbedingungen und organische Bestandteile bedingen die Farbpalette von Schwarz über Blau und Crème bis Rot.

Affe auf einem Ast, aus einer Mittelmeerkoralle geschnitzt

Eine tropische Koralle

ALTE WERTE
Schon bei den alten Römern galt die Rote Edelkoralle (*Corallium rubrum*) aus dem Mittelmeer als wertvoll.

BLAUE PERLEN
Die blaue Koralle *Heliopora caerulea* wächst in den Meeren um die Philippinen. Sie wird gern zu Perlen verarbeitet.

Perlen und Perlmutt

Die Brechung des einfallenden Lichts an den winzigen Kalk- (Kalziumkarbonat-) und Perlmuttplättchen (Conchyn) verursacht den Glanz und Schimmer der Perlen. Perlen wachsen in manchen Muscheln, wenn ein Fremdkörper, z.B. ein Sandkorn, zwischen die Schalen gelangt. Die Muschel überzieht den Eindringling mit Perlmutt.

AUSTERN-FISCHER
Seit über 2000 Jahren liefert der Persische Golf herrliche Naturperlen. Taucher holten die Austern (*Pinctada vulgaris*) aus der Tiefe. Heute werden Perlen „gezüchtet". Man „impft" Muscheln mit einem Fremdkörper und hält sie bis zur „Perlenernte" in Käfigen.

FARBENVIELFALT
Schwarz, goldgelb, rosa- oder cremefarben und weiß können Perlen sein.

TRADITION
Seit Jahrhunderten werden in Bombay Perlen verarbeitet. Für diesen typischen Perlenschmuck werden gleichgroße Perlen auf Seidenfäden gezogen und die Stränge verknüpft. Den Abschluß bilden Silberdrahtquasten.

RIESENPERLE
Die besten Perlen liefern Austern und Perlmuscheln. Die größte Art, *Pinctada maxima*, lebt in den Gewässern um Australien und Indonesien.

Perlmutt

Irisierendes Perlmutt

CANNING-JUWEL
Unregelmäßig geformte Perlen heißen Barockperlen. Diese Tritonsfigur enthält vier davon. Der Anhänger wurde Ende des 16. Jh. in Süddeutschland angefertigt und befindet sich heute im Besitz des Victoria & Albert Museums in London.

Barockperle

GLANZOHR
Eine besonders hübsche, blau und grün schillernde Perlmuttschicht haben die Seeohren (*Haliotis*). Besonders große Arten dieser Schnecken findet man in den Meeren vor Amerika und Neuseeland.

Pillendöschen mit Seeohr-Deckel

Angebot und Nachfrage

KOSTENPUNKT?
Der Wert von Edelsteinen schwankt erheblich, je nach Farbe, Klarheit und Schliff. Dieser 57,26-karätige Saphir ist so groß und farbschön, daß er erst beim Verkauf geschätzt wird.

Der Marktwert von Edelsteinen spielt eine große Rolle bei der Kaufentscheidung. Die Mode ändert sich. Kostbare Steine aus dem letzten Jahrhundert können heute wertlos sein oder umgekehrt. In der Antike waren Lapislazuli, Türkis, Achat und Smaragd hochgeschätzt. Vom 5. bis zum 17.Jh. n. Chr. schliff man Edelsteine meist nicht, um ihre magischen Kräfte zu erhalten. Seitdem aber setzte sich das Schleifen immer mehr durch, da erst bearbeitete Steine sich in ihrer ganzen Pracht entfalten. Seit dem Mittelalter erfreuen sich Diamant, Rubin, Perlen, Samaragd und Saphir gleichbleibender Beliebtheit, während das Interesse an Topas, Granat und Aquamarin wechselte.

SCHWUNGHAFTER HANDEL
Im 17. Jh. bereiste der Franzose Jean Baptiste Tavernier Europa und Asien und handelte mit Edelsteinen. Anhand seiner ausführlichen Reiseberichte läßt sich die Herkunft vieler berühmter Diamanten erforschen.

Geschliffener synthetischer Rubin

1-karätiger Rubin
Karobensame
Karobenhülse

UNSCHÄTZBAR
ist der Wert des Painit. Nur drei Kristalle sind bekannt, keiner davon kam bisher auf den Markt. Die aus Myanmar stammenden Kristalle wurden nach ihrem Entdecker, dem Edelsteinhändler A.C.D. Pain, benannt.

Synthetische Rubinkristalle

NICHT BILLIG
Die Herstellung guter synthetischer Kristalle erfordert viel Zeit, Sorgfalt und teures Gerät. Kunststeine sind daher alles andere als billig – doch Natursteine kosten immer noch zehn- bis hundertmal mehr.

KAROB UND KARAT
Die Samen des Johannisbrotbaumes, die Karoben, galten seit der Antike als Gewichtseinheit für Edelsteine. Sie waren nämlich fast immer gleich groß und gleich schwer. Die heutige Maßeinheit Karat (ct) leitet sich davon ab (lat. *ceratium* = Johannisbrot). Sie ist international auf 0,2 g festgelegt.

Abgesplittertes Glas

DOPPELT HÄLT BESSER
Dubletten nennt man aus einem Edelstein und einer Glasimitation zusammengekittete Steine. Tripletten bestehen aus drei Schichten, die mittlere ist gefärbtes Glas oder Kitt. Am beliebtesten ist die Granatdublette. Das Oberteil ist ein dünnes, farbloses Granatstück. Es ist haltbarer als das gläserne, gefärbte Unterteil. Unseriöse Händler verkaufen solche Imitate als Rubine, Saphire oder Smaragde.

KEIN MUNDRAUB
Dieses Foto von 1910 zeigt Chinesen bei der Arbeit in den Rubinminen von Mogok in Myanmar. Die Sortierer mußten Drahthelme über den Kopf stülpen, damit sie keine Steine im Mund verstecken konnten.

KURZES VERGNÜGEN
Rotes Glas gilt seit langem als Rubinersatz, doch im Laufe der Zeit verliert es Glanz und Form. Der härtere, zähere Rubin behält seine Qualitäten

TÄUSCHEND ECHT?

Mit diesem Bild warb ein Mr. Faulkner für seine „Gefeierten Diamanten". Er nannte sie „einzig wahren Ersatz für Diamanten reinsten Wassers".

ERSATZSTEINE

Diamanten werden am häufigsten imitiert, da viele Leute sich keine echten leisten können. Die ältesten Imitate waren aus Glas und Bergkristall. In unserem Jahrhundert kamen synthetische Granate und Zirkoniumdioxid dazu. Hier eine Auswahl von Diamantimitationen, im Uhrzeigersinn nach Intensität ihres Feuers geordnet, angefangen mit Fluorit.

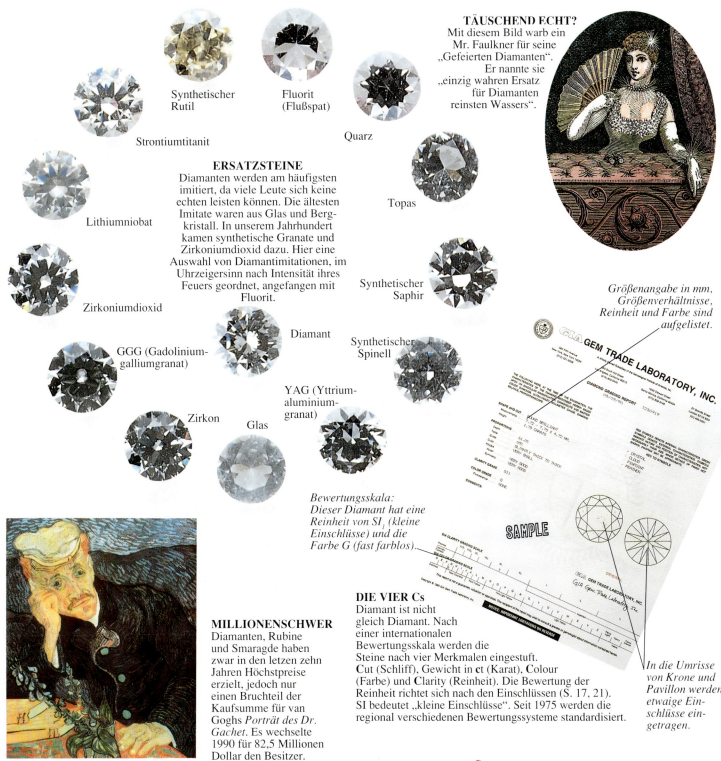

Größenangabe in mm, Größenverhältnisse, Reinheit und Farbe sind aufgelistet.

Bewertungsskala: Dieser Diamant hat eine Reinheit von SI_1 (kleine Einschlüsse) und die Farbe G (fast farblos).

In die Umrisse von Krone und Pavillon werden etwaige Einschlüsse eingetragen.

DIE VIER Cs

Diamant ist nicht gleich Diamant. Nach einer internationalen Bewertungsskala werden die Steine nach vier Merkmalen eingestuft. **C**ut (Schliff), Gewicht in **c**t (Karat), **C**olour (Farbe) und **C**larity (Reinheit). Die Bewertung der Reinheit richtet sich nach den Einschlüssen (S. 17, 21). SI bedeutet „kleine Einschlüsse". Seit 1975 werden die regional verschiedenen Bewertungssysteme standardisiert.

MILLIONENSCHWER

Diamanten, Rubine und Smaragde haben zwar in den letzten zehn Jahren Höchstpreise erzielt, jedoch nur einen Bruchteil der Kaufsumme für van Goghs *Porträt des Dr. Gachet*. Es wechselte 1990 für 82,5 Millionen Dollar den Besitzer.

OPALE FÜR ALLE

Es gibt verschiedene Opalimitate. Der Slocum aus Glas ist viel billiger als echter Opal. Im Labor wird der Gilson gezüchtet. Das dauert Monate, daher ist der Stein auch teurer. Echter Opal wird nach Farbe und Farbspiel bewertet, die teuerste und seltenste Art ist der schwarze Opal.

Polystyrol-Latex

Echter Schwarzer Opal

Gilson-Opal

Slocum-Stein

Funkelnder Schliff

Edelsteine im Rohzustand bestechen selten durch Formschönheit und atemberaubende Brillanz. Ein Edelsteinschleifer verwandelt die Kristalle durch Abschleifen der groben Unebenheiten und Polieren in begehrenswerte Objekte, er bringt ihre ganz besonderen Eigenschaften zur Geltung. Die ältesten Schliffarten für Lapislazuli und Türkis (S. 50) sowie für Karneol und Achat (S. 33) sind Perlen und Cabochons. Seit dem 17. Jahrhundert kennt man den Brillantschliff für Diamanten. Heute ist er die beliebteste Schliffart.

RUTIL MIT BRILLANTSCHLIFF
1919 definierte Marcel Tolkowsky Winkel und Proportionen eines Brillantschliffs für ein harmonisches Zusammenspiel von Glanz, Brillanz und Feuer.

RAUCHQUARZROSE
Die Holländische Rose geht bis ins 14. Jh. zurück. Über einer flachen Basis liegt ein gewölbtes Oberteil mit Dreiecksfacetten.

AMETHYSTTAFEL
Beim Tafelschliff schneidet man von einem Diamantoktaeder die Spitze ab. So entsteht eine rechteckige Fassungskante.

QUARZTREPPE
Mit vielen rechteckigen Facetten eignet sich der Treppenschliff vor allem für farbintensive Steine wie Smaragd und Turmalin.

Brillantschliff

Zuerst untersucht der Schleifer den rohen Stein mit einer starken Lupe auf Körnungsrichtung und Fehler. Er markiert die Stellen, die abgesägt werden müssen. Dann werden die Facetten geschliffen.

1 VORWAHL
Ein Rohkristall wird für den Schliff ausgewählt.

2 ZERSÄGT
Die Pyramide an der Spitze wird abgesägt, dann folgt das „Zuschneiden", das Reiben gegen diamantbesetzte Drehscheiben. (Darstellung anhand von Modellen)

Krone
Ringkasten
Fassungskante
Pavillon (Hauptfacette)
Tafelfacette

BRILLANTE VERWANDLUNG
1852 wurde der Koh-i-Noor-Diamant (S. 35) zu einem Brillanten geschliffen. Hier schneidet der Herzog von Wellington, beraten von Fachleuten, die erste Facette.

3 DIE ERSTE *links*
Man kittet den Stein auf einen Stock (Doppe) und schleift die erste Facette - die flache Tafel - auf einem gußeisernen Rad. Weitere Facetten folgen.

Koh-i-Noor (Brillantschliff)

PETRUS BERETTA AMSTERDAMER STRASSENSZENE
Vom 17. Jh. bis in die 30er Jahre unserer Zeit war Amsterdam das bedeutendste Handels- und Bearbeitungszentrum für Diamanten.

4 VIELE FACETTEN *links*
Zwischen Tafel und Fassungskante vier Ringkastenfacetten; am gewendeten Stein nochmals vier Facetten auf dem Pavillon; vier Facetten auf der Krone und dem Pavillon sowie die Facette auf der Kalette (Unterseite).

5 LETZTER SCHLIFF
Den Abschluß bilden 24 weitere Facetten oben und 16 unterhalb der Fassungskante. Der Standardbrillant hat 57 Facetten oder 58 mit Kalette.

Diamantenschleifertisch um 1870

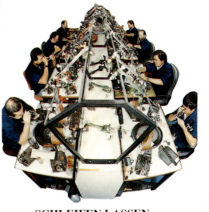

SCHLEIFEN LASSEN
Diese Diamantenschleifer bearbeiten Steine aus der Argyle-Mine in Perth, Australien (S. 25). Seit dem 15. Jh. blieb das Werkzeug fast unverändert - bis seit 1970 automatische Maschinen entwickelt wurden. Heute verwendet man Laser.

Geschliffener Zitrin, Dreiecksform

Geschliffener Zitrin, Dreiecksform

Geschliffener Heliodor, Herzform

EXTRAWURST
Bei seltenen Steinen oder aus besonderen Anlässen wählt man Schliffformen, bei denen es möglichst wenig Gewichtsverlust gibt.

Achat

Amethyst

ALTMODISCH
Perlen lassen sich aus weichem Material anfertigen und gehören zu den ältesten Schmucksteinen überhaupt. Heute stellt man sie maschinell her.

DICKKÖPFIG
Derbe opake Steine wie dieser Granat werden oft zu runden oder ovalen Cabochons (gewölbtes Oberteil ohne Facetten) geschliffen. Der Name leitet sich vom französichen *caboche* (umg. "Kopf") ab.

LICHTSPIELE
Um die winzigen Rutilnadeln in Sternsaphiren und -rubinen (S. 37) zur Geltung zu bringen, schleift man diese Steine zu Cabochons.

Brosche mit Quarzcabochons. Diese Schliffart betont den Katzenaugeneffekt.

Eindruck, verursacht durch das Polieren von Granatcabochons

STONE-WASHED
Steine und Mineralien werden in einer Trommel mit Wasser und Schleifmitteln poliert. Die Art des Schleifmittels richtet sich nach dem Schleifgut. Der Vorgang wird mit immer feineren Mitteln wiederholt.

AUF INDISCHE ART
Diesen massiven Korund verwendete man im letzten Jahrhundert in Indien zum Schleifen und Polieren von Granat. Durch Abnutzung entstand die tiefe Rille.

TRETMÜHLE
Bild aus einer Achatschleiferei in diesem Jahrhundert. Die Schleifer halten die Steine gegen große wassergetriebene Schleifscheiben.

Mythen und Legenden

Schon im Altertum rankten sich Mythen und romantische Geschichten um Kristalle. In der persischen Mythologie steht die Welt auf einem Riesensaphir, dessen Reflexion den Himmel blau färbt. Smaragden schrieb man die Eigenschaft zu, Schlangen zu blenden, den Diamanten dagegen wunderbare Heilkräfte. Rubine waren im Mittelalter Zeichen der Macht und der romantischen Liebe; edle Frauen schenkten sie ihren Rittern als Liebespfand. Viele besondere Steine sind angeblich mit einem bösen Fluch belegt und stürzen, wie der Hope-Diamant, ihre Besitzer ins Unglück.

KRISTALLKOMPASS
Die Wikinger sollen mit Cordieritkristallen navigiert haben. Hält man sie gegen die Sonne und dreht sie, verdunkelt sich der Kristall und verändert die Farbe. Mit dieser Eigenschaft ließ sich die Himmelsrichtung bestimmen.

VOGELKOMPASS
Vielleicht ist das Rätsel des Vogelzugs gelöst. Winzige Magnetitkristalle im Vogelhirn könnten als Kompaß dienen.

ABSTOSSEND
Der in Eisenoxid natürlich vorkommende Magnetit ist teilweise magnetisch. In der Antike schrieb man ihm Zauberkraft zu. Alexander der Große, der im 3. Jh. v.Chr. ein riesiges Reich eroberte, verteilte solche Steine an seine Soldaten, um böse Geister von ihnen fernzuhalten.

Vom Magnetit angezogene Eisenspäne folgen den Feldlinien.

Magnetitkristalle

ERNÜCHTERND
soll der Amethyst unter anderem im 15. Jh. gewirkt haben, als Heilmittel gegen Trunksucht. Vielleicht liegt es daran, daß Trinkgefäße aus Amethyst waren. In ihnen sah Wasser aus wie Rotwein, konnte aber ohne Nebenwirkungen genossen werden.

HEILIGE JUWELEN
Der ursprüngliche Brustschmuck des Hohenpriesters von Israel wird in der Bibel (2. Mose 28, 15-30) beschrieben als mit vier Reihen von je drei Edelsteinen besetzt. Sie werden namentlich aufgeführt, jedoch nicht ganz korrekt. Bei dem als Saphir bezeichneten Stein handelt es sich um den Lapislazuli.

TRÄNEN AUS STEIN
Staurolithkristalle können Zwillinge in Kreuzform bilden. Diese heißen im Volksmund Kreuzsteine und dienten früher als Amulette bei Taufen. Im US-Staat Virginia fand man besonders schöne Exemplare dieser Steine. Der Legende nach entstanden sie aus den Tränen, die gute Feen über den Tod Christi vergossen.

Kristallkugeln
Schon die Griechen und Römer lasen aus Kristallkugeln die Zukunft. Der Wahrsager betrachtet eingehend die polierte Kugel, bis sie vor seinen Augen verschwimmt. Aus diesem Nebel liest er seinen Kunden die Zukunft.

ZUKUNFTSVISIONEN
John Dee, Scharlatan und Günstling von Elisabeth I. im 16. Jh., betätigte sich ebenfalls als Wahrsager. Unter seiner Regie „las" sein Kollege Kelley die Kugel.

ZUKUNFTSTRÄCHTIG
Beliebtestes Material für Kristallkugeln ist Quarz, doch auch Spiegel, polierter Stahl oder Wasser müssen zum Wahrsagen herhalten.

HOFFNUNGSTRÄGER
Kristallkugeln kennt man aus dem Fernen Osten, Europa, und Nord- und Südamerika. Diese stammt aus China.

Monatssteine
Seit den 1. Jh. n.Chr. widmete man, in Anlehnung an die zwölf Steine auf dem Brustschild des Hohenpriesters, jedem Monat einen besonderen Stein. Im 18. Jh. trug man solche Steine in Polen. Diese Mode breitete sich über die ganze Welt aus.

Dezember - Türkis
November - Topas
Oktober - Opal
September - Saphir
August - Peridot
Juli - Rubin
Juni - Perle
Mai - Smaragd
April - Diamant
März - Aquamarin
Februar - Amethyst
Januar - Granat

Bergkristall mit eingravierten Tierkreiszeiche

IN DEN KARTEN
Auch die Sternzeichen haben eigene Edelsteine. Auf diesen Zigarettenkarten von 1923 steht der Karneol für die Jungfrau, der Peridot für den Löwen.

IM WANDEL DER ZEIT
Im Lauf der Geschichte wechselte die Zuordnung von Edelsteinen zu bestimmten Monaten. Römer, Araber, Juden und Russen bevorzugten unterschiedliche Kombinationen. Hier ist die heute beliebteste Gruppe zu sehen.

Kristalle im Alltag

Überall sind wir von Kristallen umgeben. Eiskristalle sind im Tiefkühlfach, Kristalle in Salz und Zucker, in der Hausapotheke in Vitamin C und Aspirin, Weinsäurekristalle in der Weinflasche. In Kühlschrank und Waschmaschine befinden sich die Kristalle von Siliziumchips. Fernseher, Telefon, Radio und Kamera arbeiten mit Kristallen, ein Haus besteht zum großen Teil aus kristallinen Stoffen. Mit metallischen Kristallen kommen wir in Bestecken und Münzen, Autos und Fahrrädern in Berührung.

FEINER PINSELSTRICH
In den zwanziger Jahren, als der Hörfunk in den Kinderschuhen steckte, kam dieser Kristallsender in Gebrauch. Man strich mit einem dünnen Kupferdraht, dem Detektorpinsel, gegen einen Galenitkristall, um Radiowellen aufzunehmen.

VOLL AUF DER RILLE
Viele Plattenspieler enthalten zwei Kristalle, einen Diamanten oder Korund als Nadel und einen kristallelektrischen Stein, der die Vibrationen aus der Platte in elektrische Signale umwandelt.

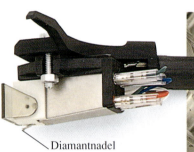
Diamantnadel

Eine Diamantnadel auf ihrer Reise durch die Plattenrille (Makroaufnahme)

RAFFINIERT
Über 100 Millionen Tonnen Zuckerkristalle werden jährlich produziert. Dabei wird zunächst aus Zuckerrohr oder -rüben ein Zuckersaft gewonnen, aus dem dann Zucker kristallisiert. Der silberne Zuckerlöffel besteht aus vielen Silberkristallen.

LCD (Flüssigkristallanzeige)

Stark vergrößerte Vitamin-C-Kristalle

LCD
Solche Anzeigen besitzen die meisten Taschenrechner. Flüssigkristalle fließen wie eine Flüssigkeit, doch Aufbau und Eigenschaften gleichen denen von Kristallen. Elektrische Spannung richtet sie aus, so daß der angesteuerte Bereich eine bestimmte Helligkeit oder Farbe annimmt.

LEBENSWICHTIG
Dies sind Vitamin-C-Tabletten mit Kristallen der Ascorbinsäure (Vitamin C). Sie kommt vor allem in Zitrusfrüchten, Kiwis, Tomaten und Blattgemüse vor. Unser Körper kann das lebenswichtige Vitamin nicht selbst herstellen. Deshalb müssen wir es mit der Nahrung oder pur zu uns nehmen.

KOSTBARE STEINE
Viele Menschen besitzen
Schmuck mit Edelsteinen oder
Halbedelsteinen wie
diese Silberbrosche
mit Diamanten,
blauem Saphir
und einer Perle.

Nadelige Kesselsteinkristalle
(vergößert)

KESSELSTEIN
Im Leitungswasser sind
Reste harmloser Minerale
enthalten. Im Wasserkessel
kristallisieren sie und
überziehen die Innenwand
mit einer weißen Schicht.

GEBANNT
Beim Fotografieren wird
ein Bild mit Hilfe des Lichts
auf lichtempfindliches
Material gebannt. Meist
benutzt man Silbersalzkristalle,
daher verbraucht die Fotoindustrie das meiste Silber.

Silbernitratkristalle auf
einem Film (vergößert)

Lupe zur
Untersuchung
wesentlicher
Merkmale
von Kristallen

ZEITDRUCK
Winzige Quarzkristalle
halten viele Uhren in Gang
(S. 31), synthetische
Rubine werden als
Lagersteine
verwendet.

*Rubin-
kristalle*

Die Kristallsammlung
Zum Kristallesammeln braucht man nicht viel Geld. Man
kann Kristalle draußen suchen, beim Händler kaufen oder
mit Freunden tauschen. Man muß sie aber vorsichtig
aufbewahren, da sie meist leicht zerbrechen. Eigene
Fundstücke sollte man mit Angaben zum Fundort
und über das Muttergestein katalogisieren.

Wulfenitkristall

**KLEIN,
ABER FEIN**
Miniatursammlungen
(Mikromounts) sind kosten-
und platzsparend und sehr beliebt.
Die Kristalle sind nur wenige
Millimeter groß, und man kann
daher auch seltene Minerale
sammeln.

Amethystkristalle

**GEFÜLLTE
KNOLLEN**
In Basaltlava-
strömen findet
man kristall-
gefüllte Geoden
(S. 7). Sie bilden
sich aus Flüssig-
keiten, die durch das
Gestein sickern und in
Hohlräumen kristallisieren.
Solche Knollen sind begehrte
Sammlerobjekte.

FREILANDARBEIT
Zum Sammmeln braucht man einen Geologen-
hammer, feste Kleidung und Stiefel, Helm und
Augenschutz. Auf Privatgrundstücken darf man ohne
die Erlaubnis des Eigentümers nicht sammeln.

Register

A

Achat 32, 33, 56, 58, 59
Adrenalin 9
Albit 6, 16
Alexander II., russischer Zar 35, 47
Alexandrit 47
Aluminium 32, 42, 49
Amazonit 32
Amethyst 16, 19, 32, 58, 60, 61, 63
Amphibole 38
Andalusit 49
Analcim 23
Antimonit 20
Apatit 9, 19
Aquamarin 7, 32, 38, 39, 56, 61
Aragonit 23
Asbest 33
Aspirin 62
Augit 14
Axinit 48
Azurit 16, 24

B, C

Baryt 11, 12
Basalt 9, 23
Benitoit 11, 48, 49
Bergkristall 6, 11, 16, 31, 32, 61
Bernstein 54
Beryll 11, 13, 15, 17, 21, 23, 25, 38, 39
Biotit 8
Blei 10, 53
Bleiglanz 12, 18, 53
Blue John 51
Bonaparte, Napoleon 34
Bornit 24
Bournonit 10
Cabochon 32, 44, 47, 58
Canning Juwel 55
Chalzedon 32, 33
Chlorit 28
Chrom 19, 37, 39, 46, 47
Chrysoberyll 19, 47
Chrysopras 33
Cordierit 48, 60
Covellin 24
Curie, Jacques u. Pierre 31
Cyanit 20
Cymophan 47

D

Danburit 48
De L'Isle, Romé 12
Dee, John 61
Dendriten 7, 23, 53
Diamant 14, 17, 18, 19, 24, 25, 34, 35, 56, 57, 58, 60, 61
  berühmte D. 35, 46, 58
  Ersatz 27, 29, 57
  Verwendung 28-29, 62, 63
Dichte 18
Doppelbrechung 18
Dubletten 40, 56
Dumortierit 22

E, F

Edelsteinschliff 58-59
Einschlüsse 17, 21, 37, 38, 39, 47, 57
Eis 6, 62
Eisen 8, 19, 24, 32, 37, 39, 44, 46, 50 ,60
Eklogit 8
Elektromagnetisches Spektrum 14, 16, 19
Epidot 11
Erythrin 17
Fabergé 51
Falkenaugen 33
Feldspat 8, 9, 16, 17, 30, 45
Fibrolith 49
Fluorcszenz 17
Fluorit (Flußspat) 17, 18, 20, 21, 42, 57
Flüssigkristallanzeige 62
Fossilwerdung 41, 57

G

Gahnit 46
Gallenstein 9
Geoden (Nester) 10, 63
Gesetz der Winkelkonstanz 12
Giant's Causeway 22
Gips 18, 23
Glas 7, 30, 57
Glauberit 41
Glimmer 8, 15, 30, 38, 46
Goethit 22
Gold 14, 24, 27, 30, 32, 52
Goldwaschen 25, 52
Goniometer 12
Granat 8, 19, 32, 42, 44, 56, 57, 59, 61
Granit 8, 23, 24, 30, 39, 43
Graphit 14
Gwindel (Quarz) 31

H, I, J

Halit (Steinsalz) 26
Hämatit 17, 21, 37, 45
Härte 18, 27, 32, 34, 51
Haüy, Abbé 14, 15
Heilkristalle 31
Heliodor 7, 38, 39, 59
Hessonit 44
Hoherpriester, Brustschild 60
Hornblende 23
Hyalit 40
Internationale Kristallographieunion 13
Jade 50, 51
Jadeit 51
Jaspis 32, 33
Jett 54

K

Kalzit 9, 11, 13, 15, 18, 21, 22, 23, 36, 50
Kalzium 8, 9, 19, 22, 45, 54, 55
Karat 52, 56
Karborund 27
Karneol 33, 58, 61
Katzenaugen 45, 47, 49
Kimberlit 34
Kobalt 17
Kochsalz 17, 62
Kohlenstoff 34
Korallen 54
Korund 17, 18, 19, 27, 36, 37, 59, 62
Kreditkarten 28
Kristallographie 13, 14
Kristallpalast 55
Kristallwachstum 20-21, 26, 27
  Aufbau 14-15, 17, 18, 21
Kronjuwelen 35, 46, 53
Kunz, George 49
Kunzit 42, 49
Kupfer 16, 23, 24, 50, 53
Kupferkies 20, 24

L, M, N

Labradorit 17
Lapislazuli 50, 56, 58, 60
Laserstrahlen 28, 58
Lasurit 19
Lichtbrechung 18, 19, 47
Linsenerz 24
Ludwig XIII. von Frankreich 48
Ludwig XIV. von Frankreich 41
Magnetit 37, 60
Malachit 24, 50, 51
Mangan 17, 39, 44, 51
Mathologie 60
Melanit 44
Mesolith 22
Meteoriten 8
Mikromount (Miniatursammlung) 63
Mohs, Friedrich 18, 19
Moisson, Henry 27
Mondstein 16, 45
Monroe, Marilyn 35
Morganit 38, 39
Muschelschalen 54
Nephrit 51
Newton, Isaak 16

O, P, Q, R

Olivin 45
Opal 19, 25, 40, 41, 57, 61
Orthoklas 8, 12, 16, 18, 19
Painit 56
Pegmatite 23, 25, 30, 38, 43, 45, 48
Peridot 8, 19, 42, 45, 49, 61
Perlen 32, 54, 55, 56, 61
Perlmutt 55
Pfauenthron 37
Piezoelektrizität 30, 31, 62
Platin 52, 53
Pleochroismus 36, 43, 49
Proustit 10
Pyrit 13, 21, 50
Pyroxene 8, 14, 53
Quarz 6, 8, 11, 15, 16, 17, 19, 20, 21 ,23, 26, 30-33, 57, 58, 61
Quarzit 8, 9, 30
Quarzuhr 31, 63
Rhodochrosit 17
Rhodonit 51
Röntgenstrahlen 14, 15, 19
Rubin 19, 27, 36, 37, 46, 56, 59, 60, 61, 63
Ruskin, John 36, 43
Rutil 27, 37, 57

S

Sammeln von Edelsteinen 48-49, 63
Saphir 19, 36, 37, 46, 56, 57, 58, 61, 63
Sauerstoff 6, 8, 14, 15, 31, 47
Schillern 17
Schmirgel 17
Schneckengehäuse 54, 55
Schwarzer Prinz 46
Schwefel 16, 50
Serandit 23
Serpentin 39, 51
Siderit 22
Silber 10, 24, 52, 53, 62, 63
Silikate 14, 15
Silizium 8, 14, 15, 26, 31
Siliziumchips 28, 62
Siliziumdioxid 9, 41
Sillimanit 49
Sinhalit 49
Skapolith 7, 49
Smaragd 26, 38, 39, 56, 58, 60, 61
Sonnenstein 45
Sorel, Agnes 35
Spaltbarkeit 15, 18, 42
Speckstein 18
Spektroskop 19
Spektrum 16, 15, 19
Sphalerit 49
Spinell 19, 27, 37, 46, 57

Spodumen 49
Stalagmiten 9
Stalaktiten 9, 22
Staurolith 20, 60
Steno (Nils Stensen) 12
Sternrubin 37, 59
Sternsaphir 59
Strahlstein 14
Sutton Hoo 44
Symplesit 19
Synthetische Kristalle 6, 7, 26, 27, 56, 63

T

Tansanit 48
Tavernier, Jean-Baptiste 56
Tigerauge 33
Titan 32, 37
Titanit (Sphen) 42, 48
Topas 11, 12, 15, 18, 19, 25, 42, 43, 56, 57, 61
Topkapidolch 39
Trichter 21
Tripletten 40, 56
Türkis 50, 56, 58, 61
Turmalin 6, 19, 21, 25, 36, 42, 43, 58

U, V, W, Z

Uran 47
Vanadin 39, 44
Verneuil, August 27
Victoria, Königin von England 35
Vitamin C 62
von Laue, Max 14, 15
Wahrsager 61
Wilton Diptichon 50
Wismut 26
Wulfenit 22, 63
Zink 19, 46, 49, 53
Zinkblende 48, 49
Zinn 24
Zirkon 37, 47, 57
Zitrin 18, 32, 37, 58
Zucker 62
Zwillingsbildung 17, 21, 23, 46, 60

Bildnachweis:

o=oben, u=unten, m=Mitte, r=rechts, l=links

Peter Amacher: 48ml;
Ancient Art & Architecture Collection: 9ml;
Archives Pierre et Marie Curie: 31um;
Aspect Picture Library/ Geoff Tompkinson: 28ur;
Dr. Peter Bancroft: 45mr;
Bergakademie Freiberg: 12ml,19ur;
Bibliotheca Ambrosiana, Mailand: 13mr;
Biliotheque St. Die: 53ml;
Bridgeman Art Library: 18ol, 52or, 58ul,/ Christie's, London: 27ur;
Bibliotheque Nationale, Paris: 42or;
Paul Brierley: 16mr;
F.Brisse, „La Symetrie Bidimensionelle et le Canada", Canadian Mineralogist, 19,217-224 (1981): 13om;
British Geological Survey: 63ur;
A. Bucher/ Fondation M.S.A.: 30ol;
Gordon Bussey: 62ol;
Californian Division of Mines and Geology: 49ol;
Jean-Loup Charmet: 60 ol,/ Bibl. Magazin, Paris: 60ur;
Christie's, New York: 57ml;
Bruce Coleman/ Michael Freeman: 52mr;
Lawrence H. Conklin: 49ul;
Crown copyright: 46mr, 53ol, 58mr;
De Beers: 29um, 29om, 34mr, 35ur;
Dorling Kindersley/ Eric Crichton: 47om;
E.T.Archive: 41or;
Mary Evans Picture Library: 7or,15ol, 23ur, 24ml, 38/39m, 38ml, 46or, 57or, 58mr, 61or, 61ul;
Fondation M.S.A.: 11ol;
Michael Freeman: 25om, 37r;
Grukker & Zn, Niederlande: 28or;
Robert Harding Picture Library: 44or, 51ol;
Harvard Mineralogical Museum: 20ml;
Ernst A. Heiniger: 39ur;
Michael Holford: 7ml, 37ur, 44mr, 50ur;
Image Bank/ Lynn M. Stone: 33mr,/ Lionel ASY-Schwart: 54ul;
India Office: 36or, 56or;
Kobal Collection: 35ur;
Kodak: 63m;
Kunsthistorisches Museum, Wien. Foto: Courtauld Institute of Art: 40or;
Lauros-Giraudon: 34ul;
Mansell Collection: 15ul, 35ml, 45m, 54or;
Moebius/Exhibition Bijoux Cailloux Fous, Straßburg: 10m;
Museum National d'Histoire Naturelle, Paris: 48mr;
Museum of Mankind: 52ul;
National Gallery: 50ul;
Natural History Museum: 15or, 19or, 19m, 33ur, 40um, 51ur,/ Frank Greenaway FRPS 11ul, 21um,/ P. Krishna, SS Jiang und A.R. Lang: 21om,/ Harry Taylor ABIPP 31ur; National Portrait Gallery London 43or;
Northern Ireland Tourist Board: 22ol;
Perham's of West Paris, Maine: 23or;
Phototake, NYC/ Yoav Levy: 30mr;
Katrina-Raphaell: 31mr;
Ann Ronan Picture Library: 27om, 27mr, 55om;
Royal Geographical Society: 36ul, 39om, 56ul;
S.Australian Dept. of Mines and Energy/ B.Sowry: 41om;
Science Photo Library: 9or, 14ul;
Dr. Jeremy Burgess: 6or, 62m, 63or,/ESA/PLI 8ol,/ John Howard: 43mr,/ Peter Menzel: 25m,/ NASA: 26m,/ David Parker: 9ur,/ Soames Summerhays: 8ul; Smithsonian Institution: 37or, 39o, 42ur; Brian Stevenson & Co: 25ul, 59om;
Stockphotos: 20ur;
R.Symes: 20or;
Syndication International: 16m, 50or;
Uffizi, Florenz. Photo: Giraudon: 32ml;
Victoria and Albert Museum: 51mr, 55ul;
Werner Forman Archive: 61ul;
Peter Woloszynski: 49mr;
Zefa/ Leidmann: 32or,/ Luneski: 60ml